Além de Osho

As Chaves de seus Best-sellers

Ideias, ensinamentos
e a mensagem do grande mestre

Jorge Blaschke

Além de Osho

As Chaves de seus Best-sellers

Ideias, ensinamentos
e a mensagem do grande mestre

Tradução:
Mariana Marcoantonio

MADRAS®

Publicado originalmente em espanhol sob o título *Más allá de Osho – Las claves de sus best sellers* por Universum Robinbook.
© 2010, Ediciones Robinbook, s.l. Barcelona.
Fotos: iStockPhoto/Stockxchng
Direitos de edição e tradução para o Brasil.
Tradução autorizada do espanhol.
© 2010, Madras Editora Ltda.

Editor:
Wagner Veneziani Costa

Produção e Capa:
Equipe Técnica Madras

Tradução:
Mariana Marcoantonio

Revisão da Tradução:
Rafael Varela

Revisão Técnica:
Dr. Fernando Cavalcante Gomes

Revisão:
Arlete Genari

Dados Internacionais de Catalogação na Publicação (CIP)
(Câmara Brasileira do Livro, SP, Brasil)

Blaschke, Jorge
 Além de Osho : a chave de seus best-sellers: as ideias, ensinamentos e a mensagem do grande mestre/Jorge Blaschke; tradução Mariana Marcoantonio. – São Paulo: Madras, 2010.
 Título original: Más allá de Osho: las claves
de sus best sellers

 ISBN 978-85-370-0642-9

 1. Espiritualidade 2. Meditação 3. Osho,
 1931-1990 – Ensinamentos 4. Vida espiritual
 I. Título.

 10-12217   CDD-299.93

 Índices para catálogo sistemático:
 1. Meditações: Osho: Filosofia mística:
 Religião 299.93

É proibida a reprodução total ou parcial desta obra, de qualquer forma ou por qualquer meio eletrônico, mecânico, inclusive por meio de processos xerográficos, incluindo ainda o uso da internet, sem a permissão expressa da Madras Editora, na pessoa de seu editor (Lei nº 9.610, de 19.2.98).

Todos os direitos desta edição, em língua portuguesa, reservados pela

MADRAS EDITORA LTDA.
Rua Paulo Gonçalves, 88 — Santana
CEP: 02403-020 — São Paulo/SP
Caixa Postal: 12183 — CEP: 02013-970
Tel.: (11) 2281-5555 — Fax: (11) 2959-3090
www.madras.com.br

Índice

Introdução..9

1. A saga dos mestres contemporâneos......................13
Um percurso de profunda sabedoria espiritual 15
Grandes mestres e profundas sabedorias 19
Aurobindo e a faculdade supramental.............................19
Krishnamurti, o mestre que se rebelou 20
Ramakrishna, onde o espírito é tudo...............................22
Osho: se o que eu disse é verdade, sobreviverá 24

2. O mestre e o discípulo..27
O mestre perfeito...29
O mestre exterior é um guia..31
O verdadeiro mestre não precisa demonstrar nada 33
Tópicos dos falsos mestres...36

3. A inteligência e o esforço de ser mais....................39
Intelectualidade e inteligência...41
O que nos torna cretinos 42
O esforço por ser mais nos ensinamentos de Osho.......45
Osho no caminho da meditação 50
O poder da mente..52
Um sentido quase perdido: a intuição.............................55
Cérebro, um órgão em plena evolução...........................60
Osho nos alerta sobre o perigo do condicionamento 61

4. Os perigos do ego ... 66
Nasce-se com um ser autêntico ... 67
A aparição do ego na etapa infantil ... 68
Osho nos alerta de que estamos doentes de ego ... 70
Algumas receitas de Osho para superar o ego ... 71

5. A armadilha do êxito e do poder ... 79
As armadilhas do caminho interior e da sabedoria espiritual ... 81
Adulação, ego, intranscendência e fanfarrice ... 83
O poder e a renúncia na escola de Osho ... 86

6. A violência segundo Osho ... 89
A espiritualidade começa pelo repúdio à violência ... 91
Violência e passado animal ... 93
Quais são os caminhos contra a violência? ... 94

7. Meditação, dança e música: componentes da escola de Osho ... 99
Em busca do mundo do silêncio ... 101
O som dos mantras para alcançar o silêncio ... 102
A dança como caminho de transcendência ... 104

8. Uma falsa concepção do tempo ... 109
Passado, presente e futuro ... 111
O tempo é uma invenção do homem ... 112
A relatividade de medir o tempo ... 114
Upanishads e mente quântica ... 116

9. O sexo segundo Osho ... 121
Osho e sua visão do amor e do sexo ... 123
O sexo e o pensamento de Osho ... 126
O egoísmo como inimigo do amor e do sexo ... 127
Como abordar o sexo ... 130
O Tantra como sexo sagrado ... 131
O Pancha Ttattva e a cerimônia tântrica por excelência ... 132
Algo mais sobre a Kundalini ... 135
Os chacras, pontos para meditações específicas ... 136
Meditação para despertar a Kundalini ... 138
Alguns efeitos que acontecem no despertar da Kundalini ... 140

10. O Zen e a meditação na escola de Osho 143
Iniciação Zen 145
Viver o aqui e agora 147
A meditação Zen 149
Um exercício simples de meditação Zen 151
Uma breve introdução à prática do Koan 153

11. A alegria e a felicidade segundo Osho 159
Felicidade e alegria 161
A felicidade deve provir de nossa consciência 162
As raízes da infelicidade 164
Onde nasce a desgraça? 165
As chaves da felicidade na escola de Osho 165
Antes de tudo, ser nós mesmos 167

12. A iluminação 171
O que é a iluminação? 173
Como alcançar a iluminação? 175
É preciso acreditar na iluminação 177
Estados modificados de consciência 179
O poder da iluminação 181

13. A mente 185
A mente, um organismo em constante verborreia 187
A ausência de pensamentos é a meditação 191
A meditação da testemunha 193
Submergindo-se no presente 195

14. A filosofia de Osho e as religiões ocidentais 197
Religiões violentas e filosofias pacíficas 199
Diferentes conceitos de imortalidade 202
Busca exterior ou busca interior 203
Visões opostas sobre o sexo 205

Epílogo 209
Anexo 213
Bibliografia 219

Introdução

Este livro é uma compilação do pensamento de Osho e também, em menor escala, de alguns mestres espirituais do Oriente que compartilharam de seus ensinamentos – mestres como Krishnamurti, Sri Aurobindo e Ramakrishna, pensadores qualificados quanto a sua espiritualidade e abertura mental. Todos eles deixaram uma profunda marca nos ensinamentos ocidentais que foram seguidos por outros mestres, como Gurdjieff, Maslow, Tart, Goleman, etc.

Cada um desses mestres hindus, principalmente Osho, utilizou ferramentas de trabalho diferentes – em geral, técnicas de meditação –, mas, em qualquer caso, o objetivo sempre foi o mesmo: despertar nossa consciência.

As palestras e os argumentos usados por Osho podem parecer muito simples porque ele aborda temas como amar a nós mesmos e aos demais; ser conscientes de nossa vida cotidiana; viver o presente e não o passado, nem imaginar o futuro, como conceitos para estar no aqui e agora; conhecer a si mesmo; ser mais; etc. Coisas muito comuns, mas efetivas. Conselhos que aqueles que temos inquietudes sobre nós mesmos já escutamos, mas que, no entanto, não temos a obstinação necessária para colocar em prática.

Se lermos os livros de Osho e de outros mestres espirituais, se escutarmos suas conferências, veremos que tudo é de suma simplicidade, tudo é compreensível inclusive para o mais racionalista dos seres. Trata-se de ensinamentos que foram praticados pelos sábios rishis – autores dos *Upanishads*,[1] nos quais transmitiram suas mensagens em forma de hinos –, que foram seguidos por Osho. Cabe destacar que os rishis não haviam inventado o conteúdo dos hinos, mas que este conteúdo havia se manifestado em visões que pareciam provir de outro mundo, ou talvez da consciência do Universo. À medida que escutavam essas mensagens, eles se sentiam em contato com a misteriosa potência que mantinha o mundo unido. Esse poder era "rita", uma ordem sagrada que mantinha o Universo unido e tornava a vida possível, era a ordem divina traduzida à linguagem humana. Os rishis aprenderam a se manter em um estado de disposição constante para receber palavras inspiradas que pareciam vir do exterior, mas que eram experimentadas em forma de voz interior.

O conteúdo dos *Upanishads* que inspiraram Osho e todos os mestres espirituais da Índia nos aproxima da disciplina científica mais inovadora que desenvolvemos hoje: a física quântica e sua relação com a cosmologia. Por outro lado, Osho e os mestres espirituais que mencionamos neste livro são herdeiros desse ensinamento e o souberam aplicar à vida moderna, com suas mensagens simples, mas efetivas, sem se esquecerem da disciplina da meditação, na qual Osho se empenhou seriamente.

Esses ensinamentos também passaram pelo Antigo Egito, praticados em seus templos e suas pirâmides pelos seus sacerdotes e iniciados. Os muros de tais templos e pirâmides são testemunhos desses ensinamentos e da mensagem que perdurou pela tradição até Osho, Aurobindo, Krishnamurti e Ramakrishna. Foi a tradição que fez chegar até nosso tempo essas mensagens que, embora pudessem parecer esotéricas, hoje são disciplina pura na psicologia evolutiva e transpessoal. Porém, o que entendemos por tradição? Digamos que a tradição é a transmissão de um conjunto de meios consagrados que facilitam a tomada de consciência de princípios imanentes de ordem universal. Trata-se de um conhecimento interior, uma consciência superior que constitui a razão de ser. Também consiste na transmissão de uma influência espiritual por meio de uma cadeia

---

1. São os mais antigos tratados da tradição literária hindu, escritos em sânscrito. Sua cronologia aproximada situa-os entre os séculos VIII e V antes de nossa era.

ininterrupta de seres iniciados – por exemplo, os mestres espirituais que citamos neste livro – que conservaram as formas completas desde suas origens, independentemente de qualquer condicionamento histórico comum. Não resta dúvida de que Osho é um dos transmissores dessa tradição.

O leitor poderá fazer um percurso pela filosofia de Osho e de outros mestres hindus que são citados nestas páginas, inclusive encontrará anexa uma breve biografia deles. Acredito que não importam tanto as suas vidas, mas sim a mensagem que nos transmitem, que, coincidentemente, é muito parecida. Também veremos a importância da relação do mestre com seu discípulo, base vital do ensinamento primordial mantido por Osho. Ao longo dos capítulos do livro, vemos que a mensagem é sempre a mesma em todos os mestres, mas isso não implica afastar a diligência de detalhá-la, atualizá-la e exemplificá-la. Falaremos do esforço de ser mais, dos perigos do ego, do poder e do êxito, três aspectos que sujeitam nossa sociedade a viver um sistema que nos anima e nos estimula a permanecer como máquinas. Também abordaremos a violência, algo repudiado por todos os mestres espirituais hindus e seus seguidores. Veremos a diferença que existe entre a forma de ver o mundo no Ocidente e no Oriente, e como essa diferença é a causa de muitos de nossos problemas e mal entendidos. Insistiremos na necessidade de viver o presente, como insistem esses mestres e como continuam insistindo seus seguidores: Eckhart Tolle, Tart, Wilber, etc. Também realizaremos um breve percurso pelas origens do sexo e pela visão de Osho sobre esse conceito que os ocidentais, pelas circunstâncias religiosas que carregamos, consideram pecaminoso.

A meditação devia estar presente entre estas páginas, já que é uma fórmula para desapegar do sistema que nos condiciona, ao mesmo tempo em que é uma maneira de buscar, em nosso interior, a verdadeira realidade. Entre muitos sistemas meditativos, nestas páginas damos o exemplo da meditação Zen aconselhada por Osho. Mas existem muitas outras, o importante é se iniciar nesse campo de busca interior, harmonia e equilíbrio.

Também falaremos da alegria e do conceito da iluminação. Terminaremos esse longo percurso nos aproximando da visão de Osho e de outros mestres sobre o tema religioso, ou seja, sobre as religiões que imperam no mundo, destacando a diferença entre os conceitos de religião e de filosofia espiritualista.

1.
*A saga
dos mestres
contemporâneos*

Um percurso de profunda sabedoria espiritual

Osho faz parte de toda essa saga de mestres espirituais contemporâneos do subcontinente indiano que nutriram nossas mentes de mensagens inequívocas sobre o sentido da vida, o domínio de nossa psique e os fundamentos para desenvolver nossa mente. Uma saga que comporta nomes como Ramakrishna, Krishnamurti, Aurobindo e muitos outros que citaremos brevemente. As mensagens desses mestres orientais serviram de base para que outros estudiosos ocidentais pudessem fazer chegar seus ensinamentos ao mundo materialista do Ocidente.

Como veremos ao mencionar a filosofia desses mestres, sua mensagem é sempre a mesma: ser conscientes de si mesmos, viver o presente, meditar e buscar em nosso interior a verdade autêntica. Toda uma série de conselhos que já encontramos nos antigos textos da Índia, os *Upanishads*.

"Um gênio é um homem que chega à verdade por um caminho inesperado."

Alfred Bestes

Entre esses mestres espirituais da Índia – exceto Ramakrishna, Krishnamurti, Aurobindo e Osho, dos quais, por sua importância, trataremos ao final do capítulo –, cabe citar Yogi Bhajan, criador da organização dos três Hs:[2] sãos, felizes e santos. A mensagem de Bhajan se baseia na ideia de que Deus está dentro de cada um e que se conectar com Ele é alcançar a verdadeira felicidade. Para isso, é necessário um método, o *sadhana*, que é a prática diária de uma série de exercícios, meditações, mantras e hábitos alimentares.

Outro dos mestres da Índia é Sathya Sai Baba, fundador da Casa da Paz, atualmente um famoso e visitado *ashram*.[3] Sai Baba tem mais de dez milhões de adeptos em todo o mundo; seus milagres fazem com que seja comparado a Jesus Cristo. Trata-se de um fenômeno de massas que ensina o mesmo que outros mestres espirituais, mas utilizando, em muitas ocasiões, termos do Novo Testamento.

Seguindo a tradição da advaita vedanta do hinduísmo, encontramos Ramana Maharshi. Seu ensinamento insiste em incitar os discípulos a descobrirem quem são, a buscarem o seu verdadeiro eu, algo que ele dizia que era idêntico ao Si mesmo, ao *atman*, a realidade pura. Seu ensinamento tinha como objetivo que seus discípulos, em sua busca do si mesmo, se desprendessem do sofrimento e da ilusão de um ego pessoal, já que para Ramana Maharshi o egoísmo era o pior mal do mundo. Ken Wilber o qualificou como um dos mais importantes mestres espirituais contemporâneos.

"O guru é o eu informe que há dentro de cada um de nós. Pode aparecer como um corpo para nos guiar, mas é apenas um disfarce."

Ken Wilber

Nisargadatta Maharaj foi um seguidor da tradição vedanta escrita nos *Upanishads*. Seguindo o conteúdo desses textos milenares,

---

2. Em inglês: *Healthy*, *Happy*, *Holy*.
3. Um *ashram* é um lugar consagrado na Índia onde os discípulos vivem em comunidade sob a direção de um guru. Foram célebres o de Ramakrishna, perto de Calcutá; a Satyagraha Ashram de Gandhi, em Sabarmati, perto de Ahmedabad; o de Sri Aurobindo, Pondicherry; o de Ramana Maharshi em Tiruvannamalai; e o de Shivananda em Rishikesh.

Nisargadatta insiste na existência de nossa ilusão e do *mundo maya*.[4] Para Nisargadatta, nosso mundo está obscurecido por nossos desejos e por nosso carma. Sua mensagem nos adverte de que temos um conhecimento errôneo e que devemos regressar ao que somos por meio do "ser-consciência-beatitude". Mas não alcançaremos isso se não realizarmos um longo trabalho interior em nós mesmos.

"O eu é um tirano de nós mesmos."

Nisargadatta Maharaj

Swami Muktananda Paramahansa foi um mestre iniciado no shivaísmo de Caxemira. Desenvolveu a yoga na qual a força da Kundalini é apresentada nos indivíduos não pelo seu próprio esforço, mas pela mediação de um guru e por seu contato ou transmissão de pensamento. Muktananda insistiu em meditar, conhecer e honrar o eu interior, já que para ele "Deus vive em você como você".

Maharshi Ramana é conhecido como o Sábio de Arunachala. Em sua doutrina, destaca que o verdadeiro eu é idêntico a Deus, enquanto as exigências do ego, ou falso eu, devem alcançar verdades mais altas

---

4. *Mundo maya* é um mundo que não existe, que é pura ilusão, uma existência fenomênica que produz uma realidade de aparências.

para poder chegar aos estados de iluminação. Ramana destacou que existem dois caminhos para a iluminação: um perguntando-se "quem sou eu?", para eliminar o ego por completo; e outro no qual é preciso entregar-se a Deus e deixar que Ele elimine o ego. Duas formas para arruinar a ilusão e permitir que o si mesmo resplandeça.

"O ego tem toda a sorte de desejos e ambições, quer estar sempre acima de tudo."

Osho

Por fim, citaremos Gopi Krishna que, em 1976, publicou sua obra-prima: *Kundalini, el yoga de la energía* [Kundalini, a yoga da energia]. Destacaremos que a Kundalini é apresentada como uma serpente que se encontra enroscada na base da coluna vertebral; sua energia é liberada pela via natural ou por meio de técnicas de yoga. Sua ascensão até o cérebro produz uma experiência de iluminação. Acrescentaremos que a Kundalini é uma energia transformadora cuja função é nos levar, em todos os níveis, da fragmentação à totalidade. Resumindo, a uma integração total de nosso ser. A Kundalini é a experiência meditativa culminante da Hatha Yoga para discípulos avançados na meditação, onde se desperta e se faz ascender por meio dos chacras o poder divino que jaz adormecido em todos os seres.

"Quando você consegue despertar a Kundalini de forma tal que ela comece a se movimentar por si só, necessariamente dá origem a um mundo totalmente diferente ao nosso. É um mundo de eternidade."

Carl Jung (*Comentarios psicológicos acerca del yoga Kundalini* [Comentários psicológicos sobre a yoga Kundalini], 1975)

Grandes mestres e profundas sabedorias

Houve grandes mestres, homens cuja sabedoria, respeito e concepção do mundo foram muito superiores aos de milhões de sábios, intelectuais e mestres atuais. Hinduístas com crenças cármicas e leitores dos *Upanishads*, mestres que muitos estudiosos das religiões antigas têm comparado a Jesus Cristo no cristianismo, Buda no budismo, e Lao Tsé no taoísmo. A mensagem deles não difere muito da que já havia sido transmitida pelos mestres que citamos anteriormente; no entanto, sua capacidade pedagógica e seu carisma os converteram em disciplina obrigatória em todas as universidades do mundo.

Talvez o mais importante desses mestres – e, neste caso, é uma opinião pessoal – tenha sido Sri Aurobindo, com uma mensagem moderna na qual recuperava o não dualismo, algo que é muito difícil de compreender nas civilizações ocidentais, nas quais sempre existiu o bem e o mal, o belo e o feio. No entanto, o dualismo, cujas origens podemos situar no Afeganistão e no Irã da mão de Zaratustra e seus seguidores, foi e é uma das grandes causas dos problemas psicológicos humanos no Ocidente, uma barreira que tem nos absorvido em uma sociedade de falsos valores.

Aurobindo e a faculdade supramental

É preciso reconhecer o importante esforço que Sri Aurobindo realizou para conciliar racionalismo com misticismo, a ciência ocidental com a sabedoria oriental. Aurobindo foi um evolucionista, um homem que acreditava no poder da mente como um órgão em pleno desenvolvimento com algumas capacidades infinitas.

Aurobindo dizia que, por meio da faculdade "supramental", que é desenvolvida com a prática da yoga e da meditação, o homem pode chegar a se converter no verdadeiro super-homem. Mas, para isso, precisa praticar a renúncia a todo desejo egoísta. Sobre Deus, Aurobindo destacava que estava no homem em forma de consciência cósmica, já que Deus é, ao mesmo tempo, transcendente e imanente.

Aurobindo destacava que "a evolução espiritual obedece à lógica do desenvolvimento sucessivo; só pode acontecer um novo passo decisivo quando os anteriores foram devidamente conquistados".

Aurobindo, que foi educado na Inglaterra, voltou à Índia para libertar seu país da colonização inglesa; suas atividades políticas o levaram à prisão, onde, segundo ele mesmo explica, alcançou uma experiência suprema de iluminação, que o levou a transmitir seus conhecimentos e a formar um dos *ashram* mais importantes da Índia.

"Mas a evolução não acaba na mente, espera ser libertada em algo maior, em uma consciência espiritual e supramental. Portanto, não há razão para colocar limites às possibilidades evolutivas tomando nossa organização ou *status* atual como definitivo."

Sri Aurobindo

Krishnamurti, o mestre que se rebelou

Krishnamurti é, possivelmente, muito mais conhecido para os ocidentais do que Aurobindo, já que os ensinamentos daquele foram difundidos no Ocidente. Krishnamurti é, sem dúvida, o mestre rebelde, o mestre que, uma vez trazido ao Ocidente por um grupo de especuladores da Sociedade Teosófica, se separa dela para ter a liberdade de transmitir seus ensinamentos sem nenhum tipo de coação nem fazer parte de nenhum *circo* exibicionista ao redor de sua pessoa. Também porque, entre outras coisas, não se considera um advento proclamado por essa organização, recusando energicamente a imagem messiânica que lhe quiseram impor.

"Devemos ser livres não para fazer o que nos agrada, mas para compreender muito profundamente nossos próprios impulsos e instintos."

Krishnamurti

Pode-se afirmar que Krishnamurti não tinha conexão com nenhuma religião específica e que seus ensinamentos eram mais consequência de uma reflexão filosófica espiritual, mística e humanista. Repudiou toda religião filosófica, seita ou política. Afirmava que não era um guru, que não tinha nenhuma autoridade nem uma corte de discípulos junto a ele. Krishnamurti insistia na necessidade do conhecimento próprio e da luta contra os condicionamentos políticos e religiosos. Como Aurobindo, afirmava que o cérebro humano continha uma energia inimaginável e que seu poder chegaria a ser ilimitado se soubéssemos utilizá-lo com retidão. Para alcançar o poder da mente, era preciso estar livre de desejos de ser algo, livre de temor, em quietude e silêncio. Só então se torna possível essa criatividade, que é a própria realidade.

Sem dúvida, uma das ferramentas que Krishnamurti aconselhava era a meditação, uma forma de manter o cérebro calado, sem pensamentos, sem condicionamentos, desejos e temores. Não tendo atividade dualista ou racional, produz-se uma nova qualidade do cérebro, que permite que o ser humano o olhe por inteiro, sem palavra alguma, sem comparar.

Para Krishnamurti, o mundo se encontra em um caos pelo fato de os seres humanos perseguirem falsos valores. Dá-se importância ao terreno, à glória, ao material e a uma infinidade de aspectos que geram apenas conflito e dor. O verdadeiro valor está no pensar com retidão, na busca interior, na compreensão de toda a estrutura do pensamento.

"A vida não pode existir sem a convivência; no entanto, nós a tornamos extremamente angustiosa e repugnante por baseá-la no amor pessoal e possessivo."

Krishnamurti

Krishnamurti era muito consciente de como esbanjamos, na vida, nossas energias internas. Destacava que desperdiçamos nossa energia em conflitos, brigas, vaidades e medo de perder nosso poder. Para que nosso cérebro não se deteriore, temos de fugir dos conflitos, da ambição, da luta, do desalento. Temos uma energia extraordinária quando não estamos competindo com outros, comparando-nos, reprimindo-nos.

Ramakrishna, onde o espírito é tudo

O terceiro mestre que merece nossa atenção é, sem dúvida, Ramakrishna, um homem nascido em Kamarpukur (Bengala). Já aos 6 anos alcançou seu primeiro estado de êxtase, um acontecimento que se repetiu posteriormente e que lhe permitiu ver a irrealidade dos seres e das coisas efêmeras deste mundo.

Para Ramakrishna, o homem devia se cultivar, conhecer a si mesmo com o fim de se desfazer do ego, que constantemente centraliza a atenção para o eu. Se nos livramos do ego, podemos descobrir que o Infinito e o Absoluto estão, ao mesmo tempo, em nosso interior e exterior. O ego é nosso senhor e nós somos seus servidores.

Como quase todos os mestres espirituais, Ramakrishna nos convida a praticar a meditação, que considera uma perfeita e, além do mais, necessária concentração da mente.

"O mental, a mente, é como a chama de uma lamparina. Quando o vento do desejo sopra, agita-se; quando não há vento, apaga-se."

Ramakrishna

Para Ramakrishna, o espírito é tudo; se o espírito perde sua liberdade, nós perdemos a nossa; se o espírito é livre, nós também somos livres. Também nos adverte das más companhias que influem sobre nosso espírito, sobre nosso pensamento e nossas conversas. Destaca que, quando o espírito está dirigido para o nosso interior, é como se fechássemos uma porta para o exterior.

Finalmente, sobre a religião, destacou que dizer que uma religião é verdadeira é dizer que as outras são falsas. Essa é, para ele, uma má atitude, já que são várias as vias que levam ao Senhor. Todas as religiões são caminhos que nos levam a Deus, mas o caminho não é Deus.

Como todos os mestres espirituais, Ramakrishna sustenta que o mundo é uma ilusão, *maya*. Destaca que muitas pessoas se vangloriam de sua riqueza, de seu poder, de sua alta posição social. Mas não encontrarão todas essas coisas depois da morte.

Sem dúvida as experiências místicas que Ramakrishna teve em sua juventude precoce o levaram a manter a mensagem de que todas as religiões eram trilhas distintas para a mesma meta, para um mesmo Absoluto.

Osho: se o que eu disse é verdade, sobreviverá

Finalmente, cabe destacar Osho, um mestre espiritual contemporâneo que também se rodeou de muitos discípulos que seguem com interesse o conteúdo de seus livros.

"A mente não é você, é outro. Você é apenas um observador."

Osho

Ao longo deste livro, mencionaremos as ideias de Osho, pois reunimos parte de seus ensinamentos, assim como o de outros mestres espirituais. Osho deixou uma importante bibliografia com abundantes palestras informais nas quais responde aos seus discípulos e fala sobre os temas que mais preocupam as pessoas com inquietudes espirituais ou transcendentes. Osho é um mestre que trabalhou para criar as condições para o nascimento de um novo tipo de ser humano, certamente mais consciente de si mesmo e com um domínio de seu ego e conhecimento de sua psique. Osho nos traz uma mistura de sabedoria Oriental e ciência Ocidental. Seus ensinamentos contribuíram para a transformação interior de milhares de pessoas e sua influência persiste após sua morte, com radiante atualidade.

Osho deu palestras sobre todos e cada um dos aspectos do desenvolvimento da consciência humana. Também criou uma técnica de meditação que ajuda a se liberar de ataduras e traumas e, mais tarde, outra técnica meditativa com música e dança, como a dos dervixes sufistas. Cabe destacar que, antes de sua morte, quando já estava muito doente, perguntaram-lhe o que aconteceria quando ele se fosse, ao que respondeu: "Se houver algo de verdade no que eu disse, ela sobreviverá. As pessoas interessadas em meu trabalho levarão a tocha, sem impor nada a ninguém... Desejo que não esqueçam o amor, porque se não for sobre ele não se pode fundar nenhuma Igreja. A consciência não é monopólio de ninguém, assim como a celebração, o prazer e o olhar inocente de uma criança... Conheçam a si mesmos, pois o caminho é para dentro".

2.
O mestre e o discípulo

O mestre perfeito

Os mestres espirituais, como Osho, costumam rodear-se de discípulos a quem transmitem seus conhecimentos e ensinamentos tradicionais. No entanto, essa relação de mestre e discípulo não é simples. Para que seja efetiva e a transmissão de conhecimentos seja correta, precisam ser produzidos certos fatores.

Existem muitos falsos mestres e também discípulos que não estão preparados para o ensinamento que vão receber. É inútil bater no ferro frio para moldar uma espada; o ferro tem de estar quente para que seja possível configurar o que se deseja.

"Só a verdade que descobrimos por nós mesmos tem valor."

G. I. Gurdjieff

Muitos discípulos sedentos de ensinamento foram a centros ou em busca de mestres espirituais que satisfaçam sua sede de conhecimento. Alguns não encontraram o mestre adequado, outros caíram nas mãos de falsos mestres sectários e outros não estavam preparados para o ensinamento que pretendiam receber. Um ditado sufista diz que o verdadeiro mestre não se busca, aparece quando o discípulo está preparado para receber os conhecimentos que lhe serão dados. E os sufistas esclarecem que, se alguém caiu na armadilha de um falso mestre, foi porque não estava preparado para distinguir entre o verdadeiro e o falso, e essa experiência lamentável, a de se ver manipulado por um falso mestre, não o prejudicará, mas sim o ajudará a distinguir entre a verdade e a falsidade, convertendo sua busca em algo instrutivo que lhe permitirá reconhecer o verdadeiro mestre.

É evidente que o mestre adequado aparece no momento adequado. O propósito maior do mestre é o de ajudar seu discípulo a buscar a verdade dentro do ser e receber a iluminação sobre a realidade. Por isso, a função do mestre consiste em guiar o buscador por um caminho de disciplina até chegar à contemplação absoluta sem contemplar nada.

Algumas pessoas recorrem a mestres espirituais que lhes foram recomendados, não com o fim de aprender, e sim de preencher suas horas livres com algo que acham interessante, mas que nunca vão incluir em suas experiências cotidianas. É evidente que o mestre não existe para entreter, mas para transmitir conhecimento a quem está apto a recebê-lo.

"Você tem de caminhar por este vale solitário. Você tem de caminhar sozinho. Ninguém pode fazê-lo por você. Você mesmo tem de caminhar."

Lonesome Valley, canto espiritual negro

Se nos aprofundarmos mais na relação mestre-discípulo, veremos que não se trata de estar aí junto ao mestre e escutar, trata-se de algo muito mais profundo. Como explica Moss, nossa relação com o mestre exterior tem sua importância com o mestre interior, e essa relação converte-se em uma questão de maturidade psicológica.

O mestre exterior é um guia

Quando somos jovens e temos pouca experiência no mundo da transmissão de ensinamento espiritual, o mestre se converte em um ser extraordinário, em um deus, na melhor coisa que encontramos na nossa vida, em um ser ao qual atribuímos inclusive poderes psíquicos. Mas, se nos apoiamos muito no mestre, podemos correr o risco de uma regressão psicológica infantilizada.

"O perigo do mestre é que, se nos aproximamos muito, nos queimamos; se nos afastamos, não recebemos calor."

Provérbio sufista

Amadurecer nossa atenção e nossa experiência é compreender que o mestre exterior é um guia que está despertando nosso potencial como seres humanos e abrindo nossa consciência. Se não chegamos a essa conclusão e negamos o ensinamento do verdadeiro mestre exterior, é porque devemos refletir e começar a reconhecer que nosso ego está agindo como soberano espiritual e psicológico.

Em todo indivíduo existe, inicialmente, certa resistência a um mestre. Esse fato ocorre entre níveis profissionais mais altos, especialmente, entre intelectuais e acadêmicos. É uma resistência à ideia de um mestre espiritual, algo que não devemos confundir com um líder. Essa resistência psicológica acontece porque o ser humano em geral é individualista, não deseja que ninguém guie sua vida. Acreditamos que podemos nos valer de nós mesmos e não queremos ser dependentes de ninguém. Também acreditamos que, se tivermos um mestre, não poderemos evoluir muito, já que o mestre pode nos frear com as etapas de conhecimento. Por outro lado, quando já sofremos más experiências de mestres anteriores, nosso subconsciente nos alerta diante dos mestres charlatães procedentes de seitas que se converteram em loucos e fanáticos. Também nos rebelamos à ideia de ter de pagar por um mestre. Sobre este último ponto, Gurdjieff dizia que todo ensinamento dado gratuitamente não é valorizado, mas quando se faz com que os discípulos paguem, estes valorizam mais o tempo que o mestre investe neles. Esse é um tema muito discutível, que criou muitas polêmicas, mesmo porque Umberto Eco nos recomenda a não ir a lugares onde nos fazem pagar, pois o verdadeiro ensinamento não tem preço, e o conhecimento espiritual e tradicional não devem ser entregues em troca de dinheiro.

"Evitem lugares onde pedem dinheiro. Os lugares autênticos são aqueles onde se recebe sem pedir nada em troca, nem sequer que se acredite."

Umberto Eco, *O pêndulo de Foucault*

Finalmente, entre as resistências ao mestre está a crença de que este pode nos fazer mudar da noite para o dia; se isso não for possível, é porque o mestre é um farsante. Na realidade, a mudança que podemos experimentar não depende apenas do mestre, mas também de nossa atitude, atenção, busca interior e do desenvolvimento de nossa consciência; este último fator, especialmente, só pode ser conseguido por nós.

Quero lembrar que o verdadeiro mestre sempre insistirá na necessidade de que o discípulo conheça a si mesmo. Se o discípulo conhece a si mesmo, pode refletir sobre os ensinamentos que recebe do mestre, enquanto, senão está se submetendo ao pensamento e às intenções do mestre ou de outras pessoas. Isso é terrivelmente grave quando o mestre não é verdadeiro.

"Os charlatães costumam se parecer muito com os autênticos mestres espirituais e chegam inclusive a acreditar na autenticidade de sua doutrina. Também há casos nos quais o ensinamento verdadeiro é dado por indivíduos cujos egos ainda têm problemas relacionados com o dinheiro, o sexo e o poder."

Frances Vaughan

O verdadeiro mestre não precisa demonstrar nada

O verdadeiro mestre é aquele que não precisa demonstrar nada, é um ser que já se transformou em algo superior. Para ele, é indiferente que acreditem nele ou não; ele se limita a transmitir seus conhecimentos quando o discípulo está preparado para compreendê-los.

Saibamos que o mestre não é um substituto da verdade interna. O mestre tem a função de "despertar" o discípulo para que ele caminhe por si só.

Primeiramente, o mestre deve ser um exemplo para os seus discípulos. Esse é um fato muito importante que vemos refletido em mestres como Osho, Krishnamurti, Aurobindo e Ramakrishna. Gurdjieff não foi um exemplo para seus discípulos; por essa razão, muitos deles o abandonaram e criticaram seriamente seu ensinamento. Gurdjieff bebia, maltratava os discípulos e se aproveitava sexualmente de suas discípulas. Seus ensinamentos podiam ter raízes sufistas e budistas interessantes, mas ele se converteu em um *bon vivant*. Aleister Crowley também não foi um mestre, pois converteu suas sociedades secretas "espirituais" em seitas.

"O mestre é aquele que abandona o cerimonial, a exibição religiosa e as aparências sociais, e se concentra no desenvolvimento real."

Sheik Ibrahim Gazur-i-Ilahi

O mestre é, primeiramente, um ser que cria um ambiente propício ao seu redor no momento de transmitir seus ensinamentos, estimulando seus discípulos e colaborando para o crescimento deles. Da sua posição, ele os observa e compreende, aceitando-os como são, compreendendo sua natureza impulsiva e seus mecanismos de defesa. Em seu ensinamento, o mestre se vê obrigado a emitir mensagens, exemplos, aforismos, provérbios, máximas, etc. de forma contínua; estudando seus discípulos permanentemente, pode ver quais métodos funcionarão melhor.

É muito importante que o mestre impulsione os discípulos para que eles tomem resoluções que nunca tomariam por si mesmos. Esse fato pode significar mudanças na vida mundana desses discípulos, rupturas às quais devem chegar lentamente e por eles mesmos.

Escutar é uma das artes do mestre e do discípulo; às vezes um mestre é mais positivo sabendo escutar do que explicando. Escutando saberá escolher a melhor técnica para cada um dos discípulos, que geralmente não estão em posição de escolher qual é a mais apropriada para eles. Técnicas de ensinamento que são boas para alguns podem acabar sendo desastrosas para outros.

Um falso mestre ou um mestre ruim comete o erro de classificar todos os seus discípulos por igual. Isso o leva a considerar os encontros como simples conferências ou aulas informativas. Em geral, esses falsos mestres que não escutam seus discípulos também estão convencidos de que não vão aprender nada com eles – grave erro, já que até mesmo da pessoa mais cretina do mundo podemos aprender algo; no mínimo, quais foram as circunstâncias que a levaram a esse estado de cretinice.

 "Um mestre é alguém que vive livre da ideia ou imagem de ser alguém. É alguém que não pede nada, que apenas dá. Um verdadeiro mestre não se considera mestre, nem considera seu discípulo como discípulo. Quando nenhum dos dois se considera algo, pode haver um encontro, uma unidade. E nessa unidade é realizada a transmissão."

Jean Klein

O bom mestre deixa os discípulos falarem e se expressarem, inclusive sobre assuntos que saem do contexto. Não demonstra preferência por nenhum deles nem os usa de exemplo. Tampouco cria falsas expectativas. Não fala continuamente de si mesmo. Não faz diferenças entre sexo, idade ou etnia.

Tópicos dos falsos mestres

Todo buscador de um mestre espiritual pode cair no erro de se aproximar de um grupo sectário. A esse respeito, vamos dar uma série de conselhos para conhecer esses grupos tão perigosos. Trata-se de uma série de tópicos revelados por Daniel Goleman, autor de *Inteligência emocional*. Segundo Goleman, entende-se como seita aquele grupo no qual há vaidade, busca de poder e protagonismo de seus representantes; onde há perguntas que não podem ser feitas; existem segredos em círculos internos que são cuidadosamente guardados; há imitadores do líder do grupo, que caminham como ele, vestem-se como ele, falam como ele, etc. Existe um pensamento coletivo comum a todos e ninguém oferece nenhuma alternativa; há um escolhido; não há outra via a não ser a exposta pelo grupo; existem sintomas de fanatismo pelo líder, pelo grupo e pela via a seguir; há um trato comum para todos, os ensinamentos estão programados; exige-se uma prova de lealdade fazendo algo; a imagem do grupo, exteriormente, é distinta daquela praticada no interior; tem-se uma visão singular do mundo para explicar todas as coisas e estão desqualificadas as explicações alternativas; não existe o humor, estão proibidas as irreverências.

Certamente, se compararmos os tópicos de Goleman com muitas religiões atuais, teremos a impressão de que, em sua maioria, são sectárias. A diferença entre uma religião e uma seita estará em seu compromisso democrático, em sua capacidade de diálogo e tolerância com outras crenças e seu respeito às ideias e aos pensamentos dos seres humanos.

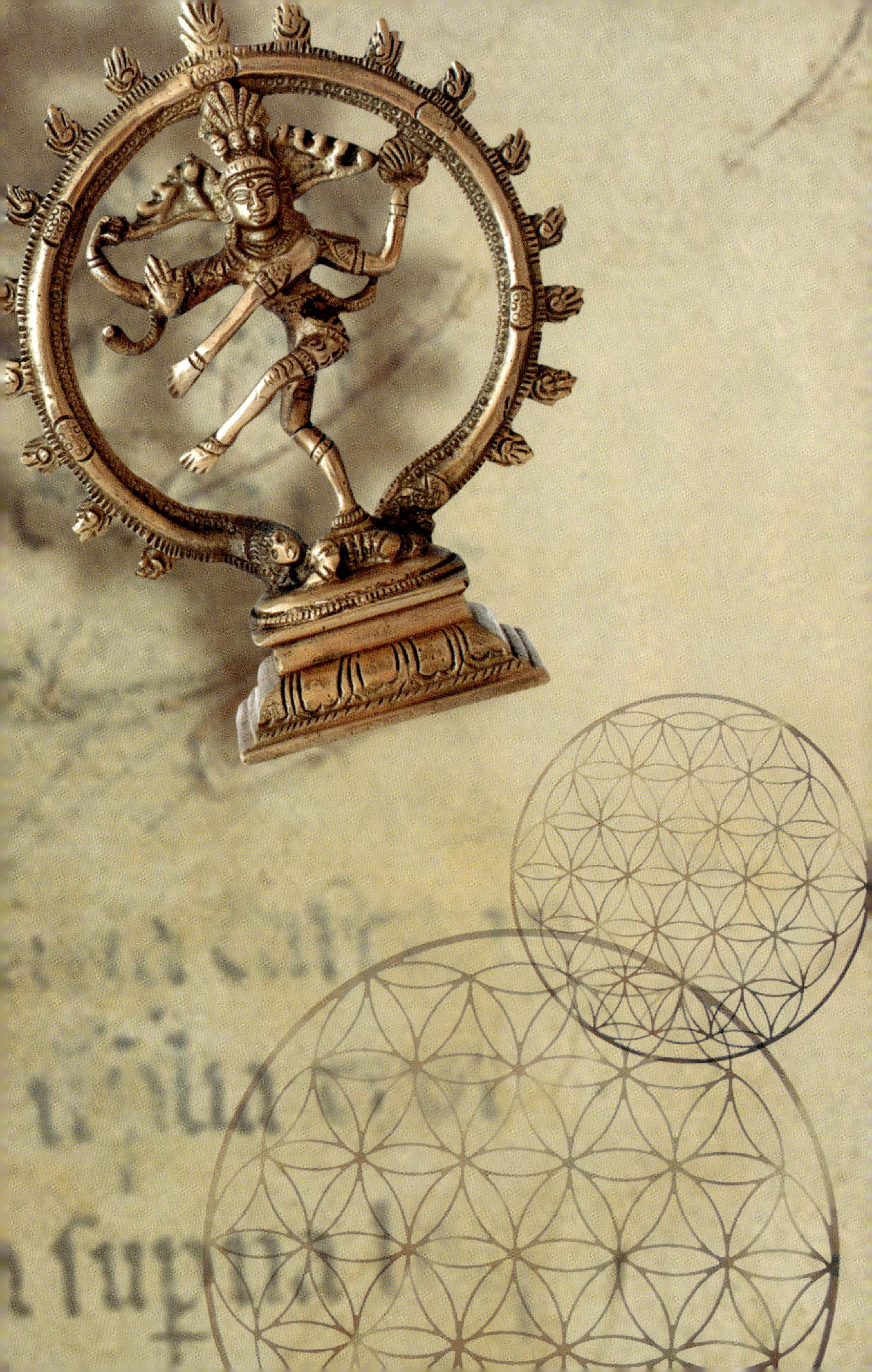

3.
A inteligência e o esforço de ser mais

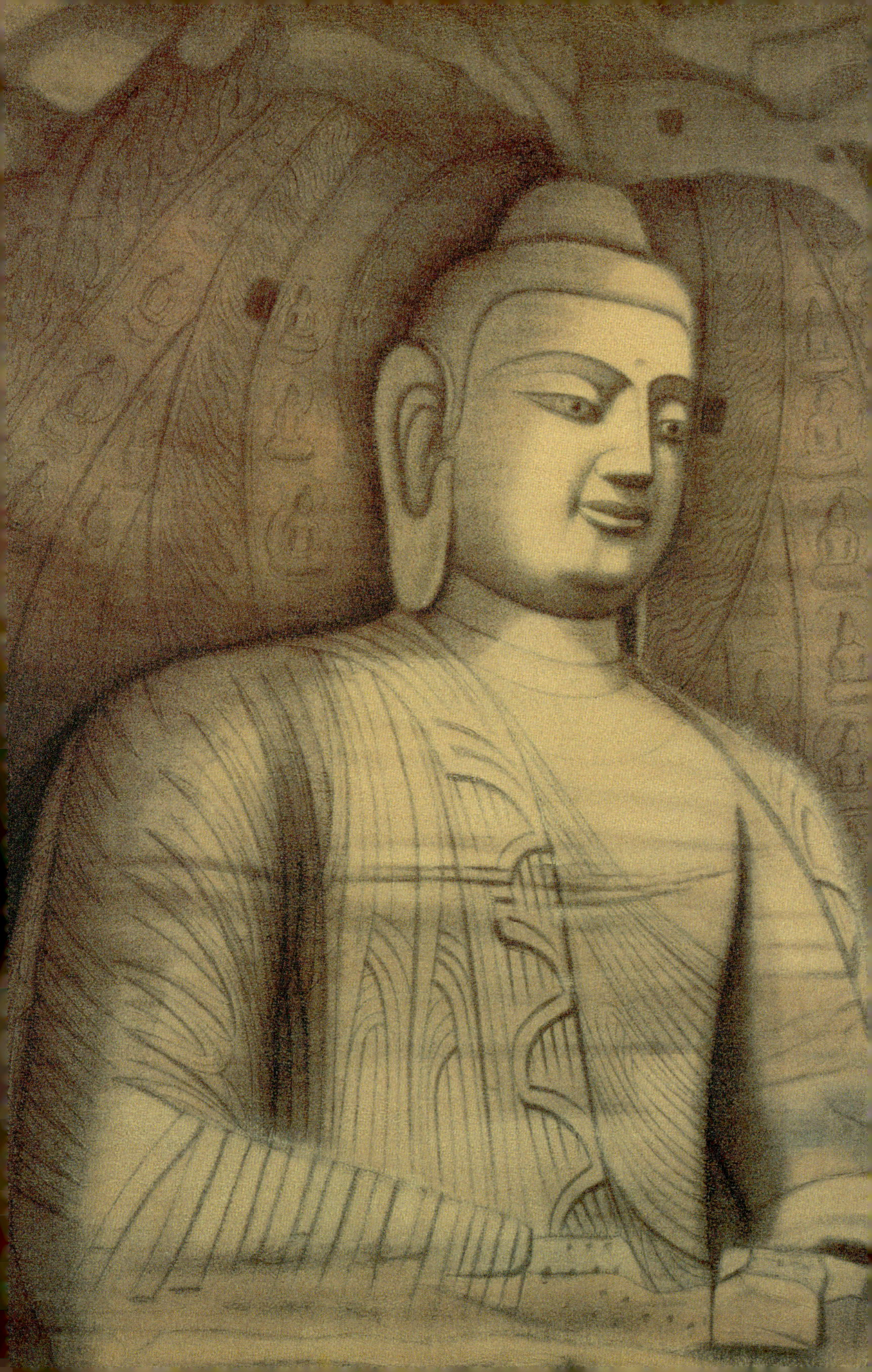

Intelectualidade e inteligência

Osho e todos os mestres espirituais defendem a necessidade de desenvolver a inteligência, mas também todos são contra a intelectualidade. Evidentemente, existe uma diferença entre ser inteligente e ser intelectual. É possível ser um grande intelectual com grandes conhecimentos sobre diversas disciplinas, mas não ter as faculdades necessárias para resolver um problema estrito que requeira um grande desenvolvimento de inteligência. Em muitas ocasiões, o intelectual é um simples memorião.

Vejamos inicialmente a diferença entre inteligência e intelectualidade, em especial sob a visão de Osho. A inteligência é uma faculdade que é definida como a capacidade de adaptação a situações novas em virtude da possibilidade de se informar sobre o meio, de aprender com ele, assim como a capacidade de utilizar e relacionar símbolos abstratos. A inteligência é uma compreensão, um conhecimento, um ato de entender, interpretar e resolver com eficácia um problema complexo.

O intelectualismo é uma faculdade discursiva que se opõe ao vitalismo, ao intuicionismo e às filosofias de ação. O intelectual possui grande entendimento sobre o cultivo das ciências ou das letras. No entanto, não tem a faculdade de chegar a raciocínios mais inteligentes.

> "Se você se tornar um intelectual, então não será um cientista."
>
> Osho

É possível citar como exemplo o intelectual que se encontra com um pastor inculto na montanha. Pode ser que o pastor não conheça os grandes filósofos, nem os grandes cientistas, mas é suficientemente inteligente para resolver um problema de sobrevivência que o intelectual seria incapaz de superar. A inteligência tem a função de fazer com que procuremos nos sair bem das situações difíceis nas quais podemos estar. Portanto, é uma capacidade inata.

Para muitos mestres espirituais, um cientista não deve ser um intelectual, e sim um ser inteligente que imagine e resolva problemas usando seu intelecto e sua intuição. A informação por si mesma não é nada se não sabemos utilizá-la.

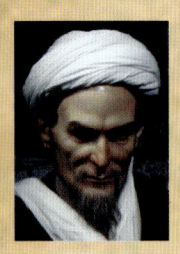

> "Por mais conhecimento que você adquira, se não utilizá-lo, poderá ser ignorante. O conhecimento é para você se beneficiar de suas crenças, não para desfrutar das coisas do mundo."
>
> Saadi Shirazi

O que nos torna cretinos

Ao utilizar o termo "cretinos" não nos referimos aos que padecem da patologia definida como cretinismo, mas ao termo cretinice que se refere a um comportamento não patológico de idiotice ou estupidez.

Podemos ser ou não intelectuais e cair em comportamentos que tangem a cretinice. Em muitas ocasiões, nosso pensamento pode ser inteligente, mas pode se converter em estúpido se o meio em que nos movemos for estúpido.

Vejamos brevemente alguns comportamentos que, segundo Osho, nos tornam cretinos. O primeiro, acreditar que somos os melhores, seja em geral ou em nossa especialidade. Podemos ser muito bons em certos aspectos e fracassar em outros. É o que Goleman discutiu em *Inteligência emocional*: pessoas que obtiveram muitos diplomas acadêmicos *cum laude*, o que os faz acreditar que são os melhores, e depois são incapazes de se relacionar com os demais por não poderem controlar suas emoções nem compreender as alheias.

> "Se não entendemos nossa própria estrutura íntima, nossa psique, nosso sentir e pensar, como haveremos de entender outras coisas?
>
> Krishnamurti

O desprezo pelos demais, segundo os ensinamentos de Osho, é outro dos aspectos que nos converte em cretinos. Geralmente, desprezamos os demais porque os consideramos inferiores, menos inteligentes do que nós, ou porque pertencem a outra etnia que não é a que nós consideramos hegemônica. Nós os desprezamos porque não tiveram a oportunidade de ter uma educação como a nossa e seus modos não estão a nossa altura, ou simplesmente porque acreditam em coisas que para nós parecem bobagens ou falsidades. Desprezamos os demais porque têm uma religião diferente da nossa, porque seus deuses não são os que nos inculcaram por meio de uma educação condicionante. Em qualquer caso, esse desprezo é injustificado, já que são muitas as circunstâncias que formam as pessoas na vida e nem todos têm as mesmas oportunidades. O desprezo a qualquer ser humano não é justificável nem entre os piores.

A prepotência é outro dos sintomas da cretinice. Somos prepotentes sempre diante do inferior, diante daquele que está sob nosso comando ou não tem os bens econômicos que nós possuímos. Nossa prepotência surge ante aqueles que não podem nos igualar em força, em poder econômico ou em intelectualidade.

Osho destaca que também pecamos em cretinice quando acreditamos que nosso aspecto físico é o mais importante. Acreditamos que nossa beleza é suficiente, que nosso esforço na academia para moldar nosso corpo é a única coisa importante para triunfar na vida. Na realidade, só desenvolvemos músculos, só construímos uma imagem exterior. Mas nosso interior, nossa inteligência continua igual. Com nosso corpo e nossa beleza, podemos cativar, mas não podemos demonstrar nosso conhecimento, nossa sabedoria, nosso verdadeiro objetivo, que é a busca interior, reconhecer-nos interiormente.

Acreditar que estamos em posse da verdade absoluta e não admitir a possibilidade de estarmos equivocados é outro dos caminhos da cretinice. Ninguém está em posse da verdade, já que esta é relativa. O que é verdade hoje talvez seja falso amanhã. Não existe uma verdade absoluta.

"Ninguém pode chegar à Verdade até que seja capaz de pensar que o próprio caminho pode estar equivocado."

Idries Shah

Por fim, cabe destacar a cretinice quando ostentamos nossos bens materiais. Podemos ter muitos imóveis, veículos, dinheiro, terrenos e negócios, mas devemos nos perguntar de que nos servirá tudo isso quando estivermos mortos. Os bens materiais devem servir não para gerar maior quantidade de bens materiais, mas para adquirir mais conhecimentos; como dizem os mestres espirituais, para ser mais e ajudar os outros para que também sejam mais.

O esforço por ser mais nos ensinamentos de Osho

Osho destaca que o primeiro passo para ser mais é ser conscientes de nós mesmos; para isso, devemos viver intensamente o presente, estar no aqui e agora. Isso significa que não devemos pensar no passado nem construir histórias sobre o possível futuro. Devemos estar presentes em cada instante da vida. Porque o presente é a única coisa que existe. Na realidade, vivemos um eterno presente, estamos sempre no presente. Qualquer outro pensamento fora do presente é lembrança ou imaginação.

Ser conscientes de nós mesmos é viver a vida percebendo nossos atos, sentindo que caminhamos por uma longa avenida de uma cidade, que nos sentamos e que observamos, ou que estamos utilizando alguns talheres para ingerir determinados alimentos que nosso corpo nos pede e que saboreamos conscientemente.

> "O homem vive em meio a máquinas potentes e sem inteligência. A consequência é que o homem também se torna forte e sem inteligência."
>
> **Warren Brodey**

Ser conscientes não é nos comportar como máquinas, mas perceber que fazemos o que fazemos porque nossa mente o ordena, porque nós decidimos assim. Ao longo do dia, existem muitos atos que realizamos inconscientemente. Desde o próprio momento em que nos levantamos pela manhã, se não controlamos nossas ações, podemos nos converter em autênticas máquinas, em robôs dominados pelo sistema, que se movem, trabalham e vivem sem serem conscientes deles mesmos.

Por essa razão, quando nos despertamos pela manhã, devemos ter consciência de que estamos aqui, de que continuamos vivos, que é o mais importante de tudo. Devemos reconhecer nosso corpo e saber que todos os movimentos que vamos realizar são controlados e determinados por nossa vontade, não por uma mecanicidade que faz com que nos convertamos em autênticos autômatos que se movem por costume ou condicionamento.

> "Trata-se de viver a experiência pura na vida corrente, no nosso mundo, onde estivermos, na rua, no metrô, no trabalho, em casa. O templo está em todas as partes."
>
> **Louis Pauwels**

Uma das formas de tomar consciência é a utilização de nosso cérebro. Ou seja, simplesmente, pensar. Parece uma idiotice dizer algo assim, mas vocês têm parado para refletir sobre quantas coisas por dia fazemos sem pensar, quantas decisões tomamos sem refletir ou, simplesmente, quantos movimentos ou ações realizamos sem pensar? A realidade é que nos movemos como máquinas. Um exemplo que pode nos demonstrar esse fato é o simples exercício de mudar o telefone do nosso escritório de lugar. Se ele está do lado direito da mesa, nós o colocamos do lado esquerdo. Veremos que, quando toca, costumamos esticar nossa mão para o lado direito de uma forma automatizada, até descobrirmos que o mudamos de lugar. O que acontece? Simplesmente, nosso comportamento está mecanizado, não somos conscientes de nossos movimentos e nos comportamos como máquinas. É algo que precisamos evitar; temos de ser conscientes em todos os nossos atos, nunca devemos nos mecanizar.

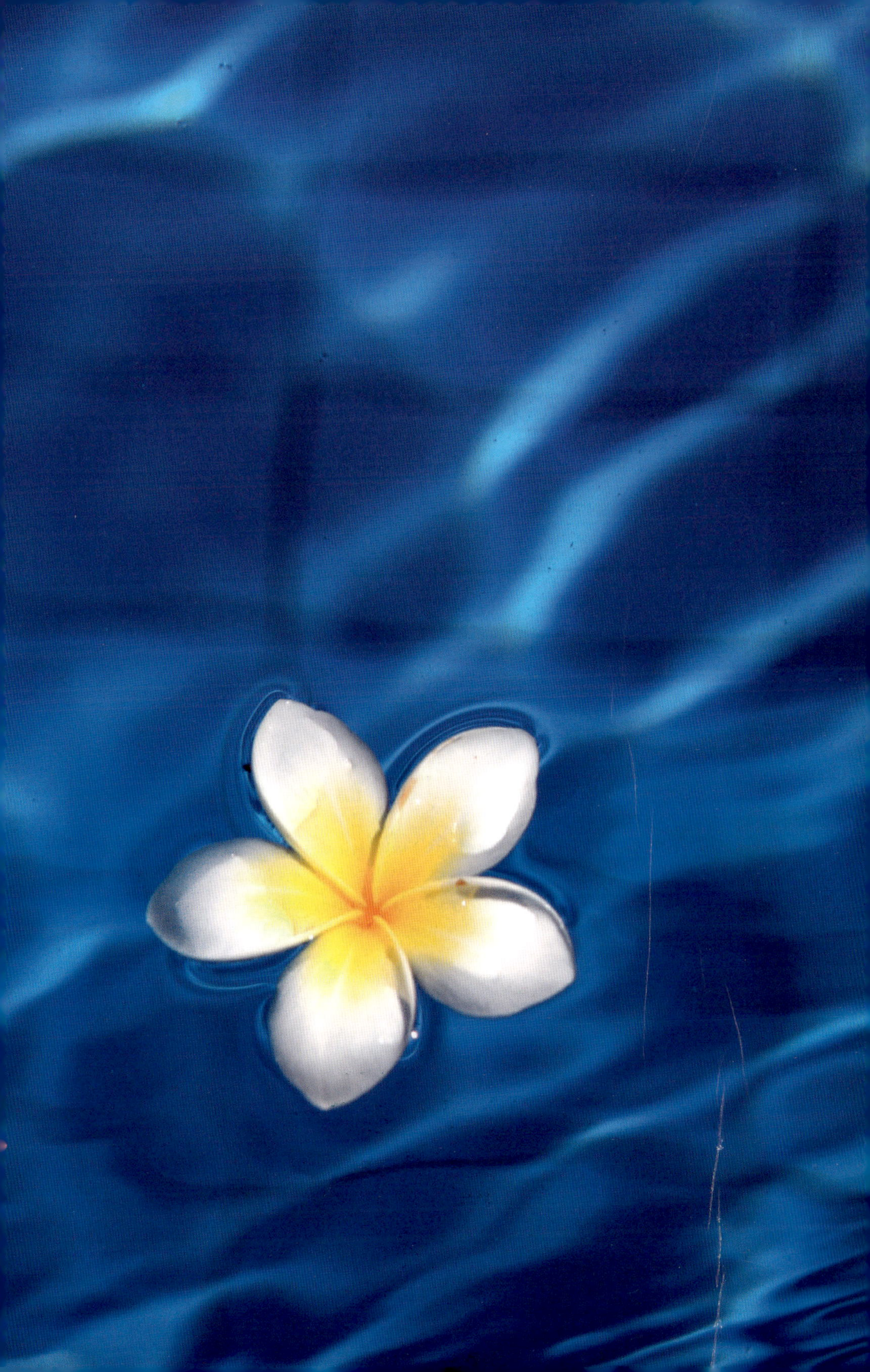

Osho insiste que devemos viver conscientes de estar neste planeta, que somos seres que chegaram ao que são após uma longa e tortuosa evolução, que nossa vida corrente é sumamente importante, já que levamos um legado genético em nosso interior e uma informação importante em nosso cérebro. Devemos ser conscientes de estar atravessando uma experiência única, ainda que nossa vida seja simples, ainda que não tomemos decisões que afetem o conjunto da humanidade.

> "A ciência sem consciência não é mais do que ruína para a alma."
>
> Rabelais

Para Osho e outros mestres espirituais, o esforço por ser mais requer ter inquietudes. As inquietudes podem ser aspectos incômodos e perturbadores, já que nos levam a perguntar muitas coisas das quais não temos respostas imediatas. No entanto, essas inquietudes nos levarão a ser mais, a ter mais consciência de nós mesmos. Pode ser incômodo que nos perguntemos o que somos, de onde viemos, o que acontece quando morremos, o que é este Universo que nos rodeia, de onde saiu e o que nós representamos nele. Pode haver outro tipo de inquietudes, como: o que será do nosso futuro no trabalho? Nosso companheiro ou companheira continuará nos amando? Teremos aposentadoria? Estas últimas inquietudes, pelo contrário, são materiais, não têm a espiritualidade e a grandeza das primeiras, mas não deixam de incomodar nossa mente, já que parece que nossa situação material é o mais importante. Ainda que na realidade a única coisa importante na vida seja nos levantar pela manhã e nos dar conta de que estamos vivos e de que podemos refletir sobre o grande mistério de nossa existência.

Mas, verdadeiramente, há na vida algo mais importante do que nossa existência? No entanto, a maior parte dos seres humanos está mais preocupada com seu bem-estar, com adquirir riquezas, com ter poder, com dominar os demais. Não somos conscientes de por que estamos aqui, de onde viemos e o que representamos neste mundo, apesar de esses aspectos serem os únicos importantes de nossa existência.

> "Cada segundo que dedicamos ao nosso mundo material é roubado do espírito. Nós lhe roubamos demasiado, já é hora de que lhe paguemos pelo nosso delito."
>
> Eduardo Romero-Girón, publicitário

Neste mundo, atravessamos várias etapas. Inicialmente, tínhamos apenas que sobreviver para transmitir um código genético e uma experiência a nossos descendentes, mas hoje nossa obrigação é a de transmitir também um conhecimento que lhes facilite saber por que estamos aqui e qual é o nosso destino neste Universo no qual aparecemos.

É bem possível que encontremos muitas respostas a nossas inquietudes pelo mero fato de pensar ou refletir. Também devemos nos instruir, ler livros e estudar. Devemos reforçar nossos conhecimentos por meio da leitura, mas essa leitura deve ser informativa, não doutrinadora. Já explicamos que ninguém está em poder da verdade absoluta; portanto, os livros podem nos dar informação e conhecimento sobre os quais devemos refletir; o importante na leitura é não memorizar nem nos converter em intelectuais que apenas repetem nomes de autores, frases e pensamentos.

> "Nada torna os espíritos tão imprudentes e tão vãos como a ignorância do tempo passado e o desprezo aos livros antigos."
>
> **Joseph Joubert**

A leitura deve se converter em uma forma de condicionamento, em uma informação sobre a qual temos de trabalhar e refletir. Não existem livros bons, existem apenas autores que representam suas reflexões, seus estados de consciência em suas obras. Autores que nos transmitem um saber, uma experiência interior. E não importa se esses autores são antigos ou modernos, o importante é que sua mensagem seja autêntica e reflita as experiências sobre o conceito da vida que foram sentidas naqueles momentos.

Osho no caminho da meditação

A meditação é um caminho recomendado por Osho e todos os mestres espirituais, um caminho para chegar a ser mais. Meditar requer um esforço, uma atenção em si mesmo e uma desconexão com o mundo que nos condiciona e nos automatiza dia a dia. No capítulo dedicado à meditação (capítulo 10), falamos de uma das técnicas de meditação, a recomendada por Osho. No entanto, existem muitas técnicas meditativas, muitas escolas, e cada um deve escolher aquela mais adequada à sua situação, temperamento e harmonia. Como explico em um dos meus livros sobre a meditação,[5] não é possível

---

5. *Vademécum de la meditación*. Ediciones la Tempestad, 1996; ou *Meditación Práctica*. Ediciones Grijalbo, 2004.

tratar todos os discípulos com a mesma técnica, há os que funcionarão bem com a meditação zen, mas outros podem se adaptar mais a uma meditação budista ou a uma avançada, como a da testemunha, de Ken Wilber. O importante é meditar e que cada um encontre o método de meditação mais adequado à sua personalidade e seu estado de evolução espiritual.

> "Poderia ocorrer que aprendêssemos a pensar efetivamente quando soubermos como pensamos."
>
> Arthur C. Clarke

Osho destaca que a meditação tem muitos objetivos. Inicialmente, é uma ferramenta muito eficiente para dominar nossa mente, para procurar um estado de tranquilidade e harmonia que nos conduza a uma busca interior. A meditação serve para acalmar nossa mente, para dominar nossa respiração, para dizer à nossa mente com seus eus interiores que somos nós que dominamos o corpo e que temos consciência de nosso ser. A meditação, além de todos esses aspectos psicológicos, em níveis muito avançados, pode nos levar a estados modificados de consciência que nos abrem as portas para outras realidades. A meditação é uma abertura às profundidades mais recônditas de si mesmo.

> "Na prática diária, a conservação dessa atenção conduz à indiferença do meditador por suas próprias percepções e pensamentos. O meditador se converte em um espectador de sua corrente de consciência."
>
> Daniel Goleman

A importância da meditação, em relação a tudo o que mencionamos anteriormente, é que implica uma concentração da mente, é um caminho no qual vamos além dos nossos sentidos. E isso é conseguido porque existe uma atenção.

A realidade é que por meio da meditação chegamos a um estado de paz no qual deixamos fluir tudo aquilo que normalmente inibimos. A meditação é um caminho instrumental dirigido à transcendência.

> "O mundo dos deuses é conquistado por meio da meditação."
>
> *Upanishad Brihadaranyaka*

A meditação se encontra entre as técnicas mais comuns das psicologias tradicionais. São técnicas que foram empregadas em quase todas as culturas, algumas primitivas, outras mais evoluídas, e todas elas – desde o antigo xamanismo até os sistemas orientais e tibetanos – nos foram legadas por meio da intuição e da tradição.

O poder da mente

A mente humana tem um poder que ainda desconhecemos. Na realidade, não somos conscientes de suas possibilidades e ainda menos de como utilizá-la. Sabemos que existe uma grande capacidade de intuição, que podemos chegar a curar as enfermidades que nos afetam e que seu domínio nos converte em seres privilegiados dentro da evolução humana. Acontece que utilizamos nossa mente apenas para refletir e, em geral, é ela que domina nosso comportamento.

Estudos recentes realizados em importantes laboratórios do mundo e por renomados especialistas da medicina, da psicologia e da neurologia demonstraram que a mente é capaz de sanar muitas das enfermidades que nos afetam.[6] A meditação tem se revelado uma técnica para resolver problemas de estresse, assim como para acalmar nossas inquietudes mundanas e nos absorver numa harmonia benéfica para nossa saúde.

---

6. Para saber mais sobre este aspecto, recomendo a leitura de *Somos energía*, Robinbook, 2009. [N.E.: *Somos Energia*, deste autor, também foi publicado em língua portuguesa pela Madras Editora.]

Sabemos que certas enfermidades são produzidas por um desequilíbrio entre nosso corpo e nossa mente. Também sabemos que, se por meio da nossa mente enviamos energia, equilíbrio e harmonia a uma parte doente de nosso corpo, temos muitas possibilidades de influir positivamente em nossa enfermidade e até mesmo de curá-la.

O importante é, portanto, realizar os esforços necessários para que nosso cérebro evolua e cresça dia a dia. Para isso, temos apenas de fazer nosso cérebro trabalhar, pensar, refletir, meditar. Hoje sabemos que qualquer atividade que requeira pensar, refletir, analisar, deduzir e utilizar nossa inteligência ativa nossos neurônios, e estes estendem seus dendritos de forma a aumentar o número de conexões em nosso cérebro. Quanto mais comunicações forem produzidas, mais possibilidades existem no desenvolvimento de nossa inteligência.

Einstein, que doou seu cérebro para a ciência, demonstrou que o que importava não era o tamanho do órgão, mas o número de conexões entre os neurônios, e isso só é produzido se fizermos o nosso cérebro trabalhar, se o forçamos a pensar e a refletir, se meditamos.

"Nosso instrumento mais crucial de aprendizagem é a faculdade de estabelecer conexões mentais. Essa é a essência da inteligência humana."

M. Ferguson, *A conspiração aquariana*

Sabemos que as provas de que o vínculo entre a mente e o corpo é mais sutil e mais íntimo do que as pessoas compreendem ou estão dispostas a admitir aumentam mais a cada dia.

Nosso corpo é nosso universo particular, onde tudo está interconectado, onde qualquer ação que realizemos tem uma repercussão. Se a alimentação que ingerimos não é a correta, surgem desarranjos em nosso organismo, aparecem enfermidades devido a excessos alimentícios em gorduras ou álcool, e isso se materializa na aparição de colesterol, transaminases que atacam nosso fígado e muitos outros desarranjos interiores provocados pelo abuso de alguns alimentos prejudiciais à nossa saúde.

"Como nos festins ingleses, deixo por último o melhor manjar, para fazer mais doce o final."

Henrique Bolingbroke, segundo W. Shakespeare, em *Ricardo II*

O que deveríamos fazer a cada dia é perguntar a nosso corpo de qual alimento necessitamos. Trata-se de um exercício mental e em parte intuitivo. Não se deve confundir o que o organismo nos pede com o que nos apetece, que em muitos casos é pura gula. Devemos escutar nosso corpo e reconhecer o que ele nos solicita. Se sentirmos sede, devemos nos apressar em dar água ao corpo, porque provavelmente nossos rins a estão solicitando e, por meio de uma mensagem interior, fazem essa necessidade chegar a nosso cérebro. O mesmo acontece com o restante dos alimentos; há mensagens cerebrais que devemos escutar e atender. Mas, insisto, não se deve confundir esse fato com a gula, com caprichos. Se o corpo nos pede açúcar, podemos lhe dar açúcar por meio de algum alimento que o contenha. Tem gente que abusa do açúcar e come bolos continuamente. Se forem conscientes e sinceros consigo mesmos, reconhecerão que não é algo que o corpo lhes pede, mas um capricho de seu paladar, e que quando comem muitos bolos, bombons ou outros produtos com muito açúcar sentem-se empachados, cheios, insatisfeitos e com certa rejeição do corpo a esse excesso que realizaram. O organismo sabe pedir o que necessita, mas também manifesta a rejeição a qualquer abuso. E este último pode ser comprovado quando realizamos refeições e jantares fartos, abundantes; pode ser comprovado porque não nos sentimos bem, ficamos sonolentos, cansados, cheios e incapazes de pensar claramente.

Um sentido quase perdido: a intuição

A intuição é definida como o conhecimento imediato de algo. Está em contraposição com a dedução e o raciocínio. Alguns a qualificaram como um conhecimento divino. A verdadeira realidade está em nós, mas só podemos senti-la por meio de nossa intuição.

> "Sem intuição ainda estaríamos nas cavernas. Toda ruptura, todo salto adiante na história tem sua origem em intuições do hemisfério direito do cérebro."
>
> M. Ferguson, *A conspiração aquariana*

Perdemos alguns sentidos que falavam conosco e nos comunicavam com outras realidades e temos muito mal desenvolvido o sentido da intuição. Temos de curar esse sentido avariado e desenvolver os demais. Devemos começar a ouvir e observar o inabitual.

O processo intuitivo pode se acelerar tanto que podemos nos sentir atordoados, inclusive assustados ante as possibilidades que se abrem de repente diante de nós.

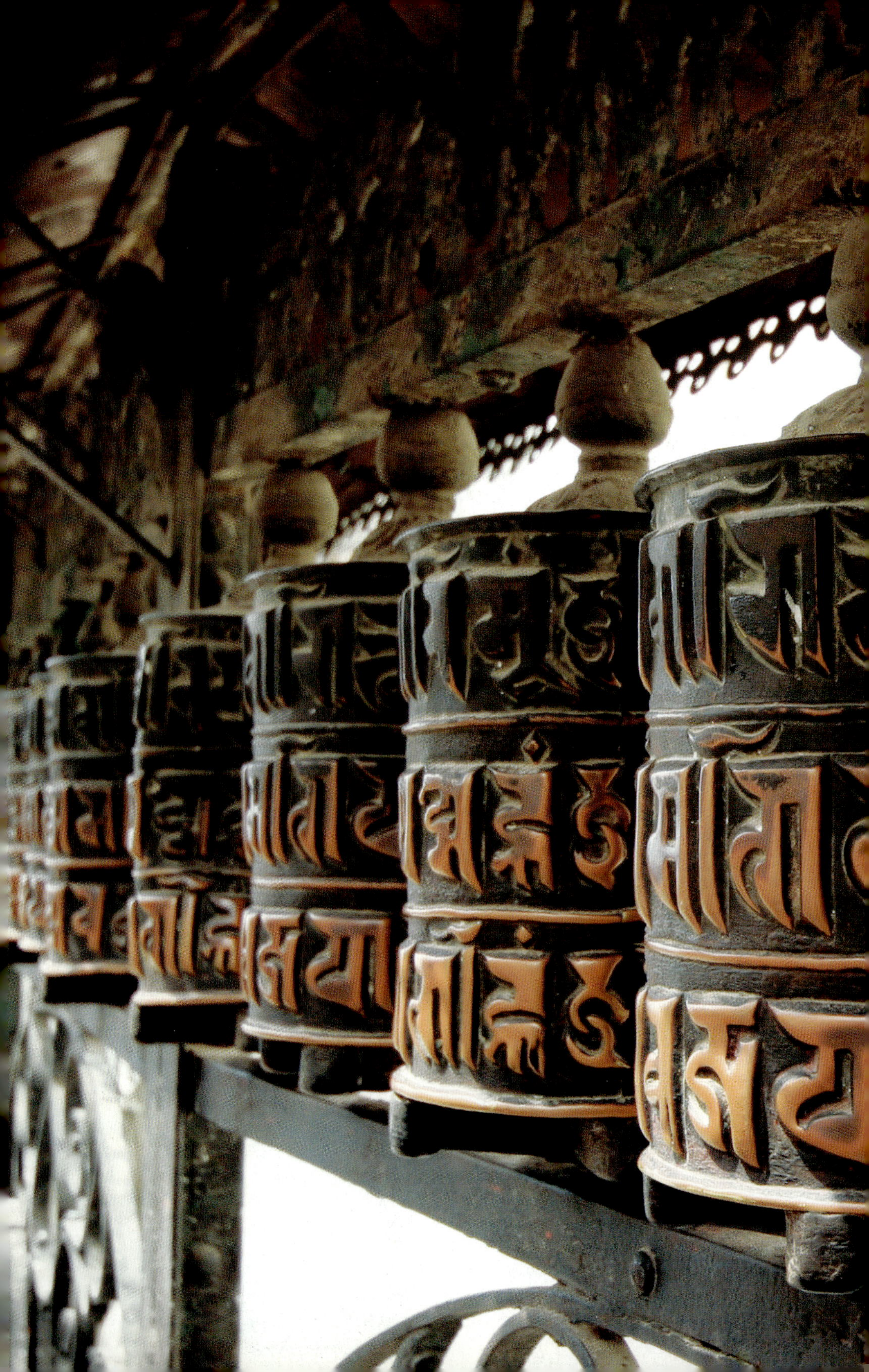

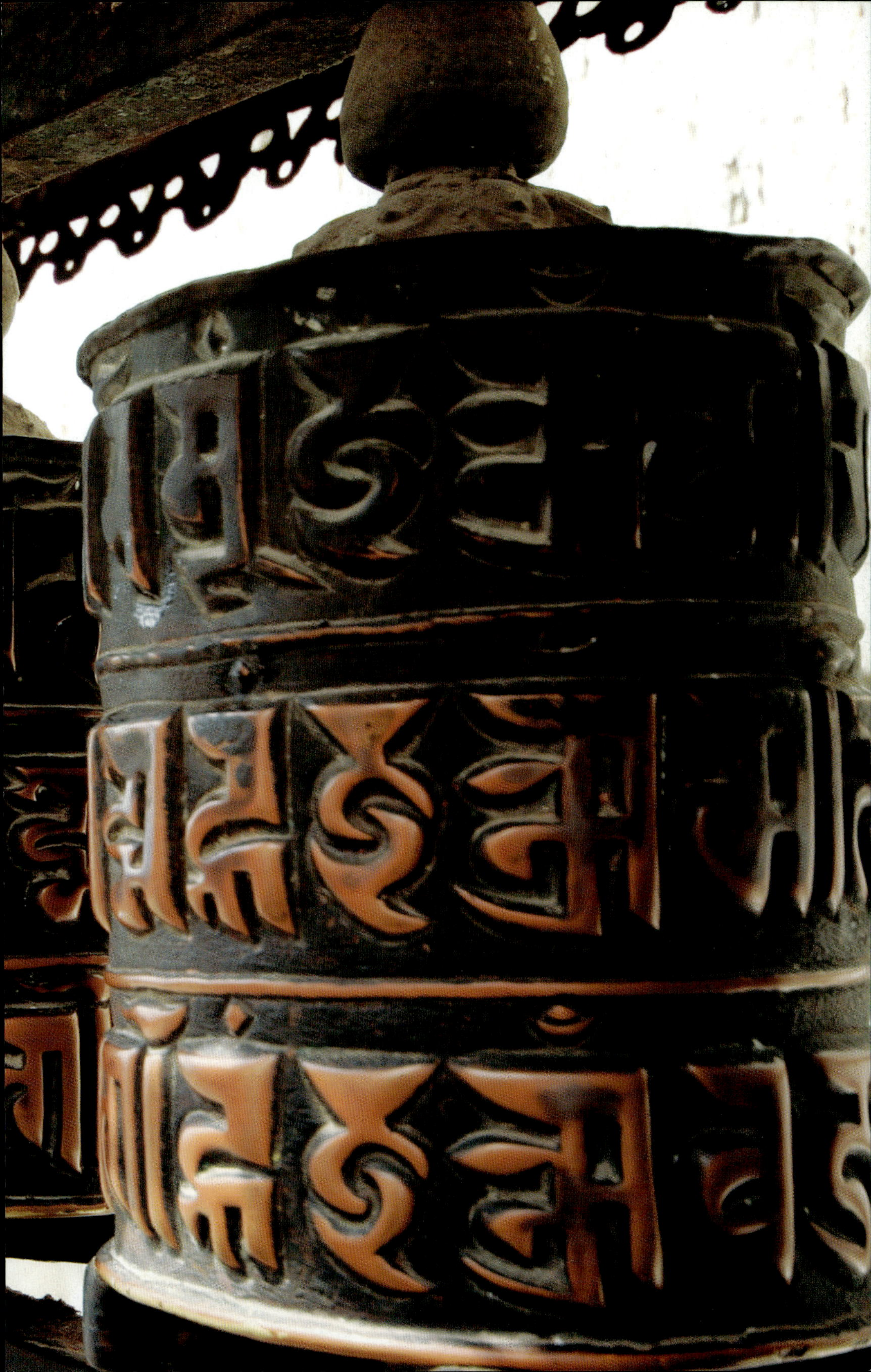

A intuição é um escutar muito profundo. Ela nos fixa em algo que está além de nossa consciência comum, que nos liberta para experimentar a vida mais plenamente. No momento em que começamos a aprofundar nossa intuição do Infinito, começa a se desenvolver uma transformação radical em nós mesmos.

> "A intuição é desenvolvida quando aplicada de um modo consciente, não lendo sobre ela."
>
> Laura Day

Para utilizar a intuição, devemos nos conscientizar de que é um sentido que perdemos ou o temos muito pouco desenvolvido. Um sentido que utiliza o lado direito do cérebro, fornecendo uma informação que não captamos e que nosso subconsciente grava e nos fornece de forma subliminar. A intuição é cultivada quando, conscientemente, unimos nossa atenção com a mais profunda corrente de ser, como, por exemplo, durante a meditação.

Todos nós temos experiências intuitivas, às vezes reagimos qualificando-as de pressentimentos. Dizemos: Sei, mas não sei por quê. Em outras ocasiões, temos a sensação de que estamos certos sobre algo; sem dúvida, quem está trabalhando é a intuição, que se relaciona com nossa consciência mais profunda. Em qualquer caso, a intuição chega como uma luz. Isso acontece quando não somos conscientes de nós mesmos e não nos exploramos. Mas, se formos conscientes de nós, se vivermos o presente intensamente, se estivermos no aqui e agora, a intuição se converterá em um sentido mais duradouro, mais frequente, já que agirá porque sabe que será escutada.

Se acreditarmos na intuição, devemos ativá-la perguntando-lhe o que queremos saber, pois ela sempre é ativada com uma pergunta que deve ser clara e precisa para evitar respostas ambíguas. Devemos ter em conta que a intuição se expressa em uma linguagem diferente, às vezes simbólica, inclusive por meio de nosso corpo. Por exemplo, temos um encontro com uma pessoa e estamos indecisos se devemos ir ou não, já que a pessoa com quem estamos saindo não nos agradou completamente, um fato que por si só já pode ser intuitivo. Mas queremos estar mais seguros e perguntamos à intuição. No entanto, não obtemos uma resposta imediata, mas no momento em que vamos sair nos surge uma enxaqueca repentina. Essa pode ser uma forma de resposta intuitiva.

> "De certo modo, nossa mente e nossas emoções foram programadas pelos nossos pais, nossos amigos e contexto cultural no qual nos desenvolvemos; apenas quando formos conscientes disso estaremos em condições de trocar de programa. Nesse sentido, a intuição percebe novas possibilidades e constitui um excelente guia para adentrar no desconhecido."
>
> Frances Vaughan, *Sombras de lo Sagrado*

À medida que nos sintonizarmos com os sinais interiores que a intuição nos oferece, estes parecerão se tornar mais fortes. Pouco a pouco, a intuição se converterá em um companheiro cotidiano, um guia no qual depositaremos nossa confiança. Quando chegarmos a esse estado, será gerada uma sensação crescente de estar fluindo e agindo de forma adequada diante do mundo.

Saibamos, por fim, que confiar na intuição significa agir sem o apoio da lógica, do senso comum e da razão. A intuição não tem nenhum limite de espaço ou de tempo. Cada um de nós tem processos, símbolos e vocabulário diferentes. A intuição é natural, não é preciso se esforçar para recebê-la. Podemos nos equivocar ao interpretar a informação intuitiva, mas isso não quer dizer que ela não tenha sido correta. Para alcançar a intuição, só temos de aprender a controlar a atenção, algo em que todos os mestres espirituais insistem.

Cérebro, um órgão em plena evolução

Osho destaca que o cérebro é um órgão em plena evolução. Esse fato pôde ser comprovado por meio de registros fósseis da paleontologia, em que podemos observar como fomos desenvolvendo um cérebro cada vez mais potente, que nos permite armazenar cada vez mais informação e desenvolver pensamentos mais complexos. Talvez chegue um dia em que possamos colocar em prática poderes mentais que hoje surgem apenas esporadicamente em nossa mente. Muitas atividades mentais, como as curas instantâneas, a premonição, a telepatia, a telecinesia, a retrocognição e a bilocação, que surgem espontaneamente, sem controle e sem compreensão de sua aparição, podem ser algo habitual no futuro, dentro de milhares de anos, ou menos, quando nosso cérebro alcançar um grau de evolução e complexidade que domine aspectos que hoje consideramos utópicos.

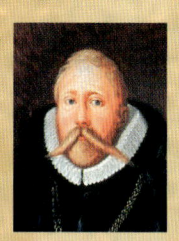

> "O homem encerra em si uma força superior à dos astros."
>
> **Tycho-Brahe**

Se compararmos um menino de 10 ou 12 anos com um homem sábio da Idade Média, descobriremos que o adolescente atual tem alguns conhecimentos muito superiores a esse homem, e não só isso, seu processo de pensar é muito mais evoluído. Pensemos que um homem da Idade Média não sabia que o mundo era redondo, desconhecia a existência da circulação do sangue, dos micróbios, das bactérias, da função dos órgãos internos, da estrutura do DNA, da existência de civilizações do passado, do mundo dos dinossauros, dos milhões de anos de evolução, das distâncias estelares de milhares de anos-luz, da criação da energia, das galáxias e dos planetas ao redor de outras estrelas parecidas com a nossa, do mundo da física quântica e da energia nuclear. Todo um acúmulo de conhecimentos que um menino atual conhece e que lhe dão uma ideia distinta da vida, do que somos e da existência.

Osho nos alerta sobre o perigo do condicionamento

Osho e todos os mestres espirituais nos alertam sobre o perigo que os condicionamentos implicam. Desde que nascemos e ao longo de toda a vida, recebemos uma série de instruções ou formas de ver o mundo que nos levam a agir de determinada maneira. Na escola, somos condicionados a acreditar numa determinada forma de ver a vida, somos premiados ou castigados ou absorvidos num mundo competitivo em que sempre devemos triunfar, para ser alguém na vida ou para possuir bens. Nessas mesmas escolas pelas quais todos nós passamos, ensinaram-nos uma história de nosso país e do mundo que não se ajustou muito à realidade. Ali nos explicaram como colonizamos outros países para lhes levar prosperidade, quando o que fizemos foi roubar e oprimir. Exemplos claros disso são a conquista da América, tanto a do Norte quanto a Central e a do Sul. Nas escolas, somos condicionados a acreditar em determinados valores que geralmente são falsos; também somos condicionados a acreditar em determinadas religiões que marcarão toda a nossa vida.

> "Todos os tipos de condicionamento são venenosos."
>
> Osho

Como bem adverte Osho, os condicionamentos são um dos maiores e mais letais perigos que o sistema educativo traz para nossa mente. São fortes e incidem em nosso comportamento com agressividade porque foram introduzidos em nossa mente desde muito cedo, pois aproveitaram o momento em que o cérebro está vazio de ideias e pôde ser moldado de uma maneira mais fácil. Na realidade, todos nós, seres humanos, nascemos livres, sem ideias concebidas; são nossos tutores, professores, educadores e pais que nos convertem em cristãos, maometanos, judeus ou hinduístas.

> "Que o barco esteja na água, tudo bem; mas, se a água está no barco, você afunda."
>
> Ramakrishna

O problema reside em como se livrar deles. E, segundo Osho, só existe uma fórmula que passa pela meditação, pela reflexão, pela revisão de nossos conhecimentos e pela aceitação de que a verdade é múltipla, de que existem muitas verdades, de que as versões das coisas são variadas e distintas de acordo com quem as conta. Como diz Osho, temos de esvaziar nossa mente e voltar a recolocar a informação e os conhecimentos segundo valores mais abertos, menos condicionados, mais reais. Devemos seguir o conselho de Ramakrishna e viver no sistema social, com seus falsos valores, sem que estes nos afetem e nos aflijam.

Temos de ver as coisas como são, não como pretendem que acreditemos que são. Para isso, devemos ter liberdade de escolha, liberdade de ideologia, liberdade de espiritualidade, liberdade de forma de vida, ainda que tudo isso vá contra o meio que nos rodeia. Tudo isso significa esvaziar nossa mente das ideias condicionantes e admitir que existem outras respostas, realidades, formas de enfocar a vida sem necessidade de viver para ter mais, e sim tão só viver para ser mais e saber mais.

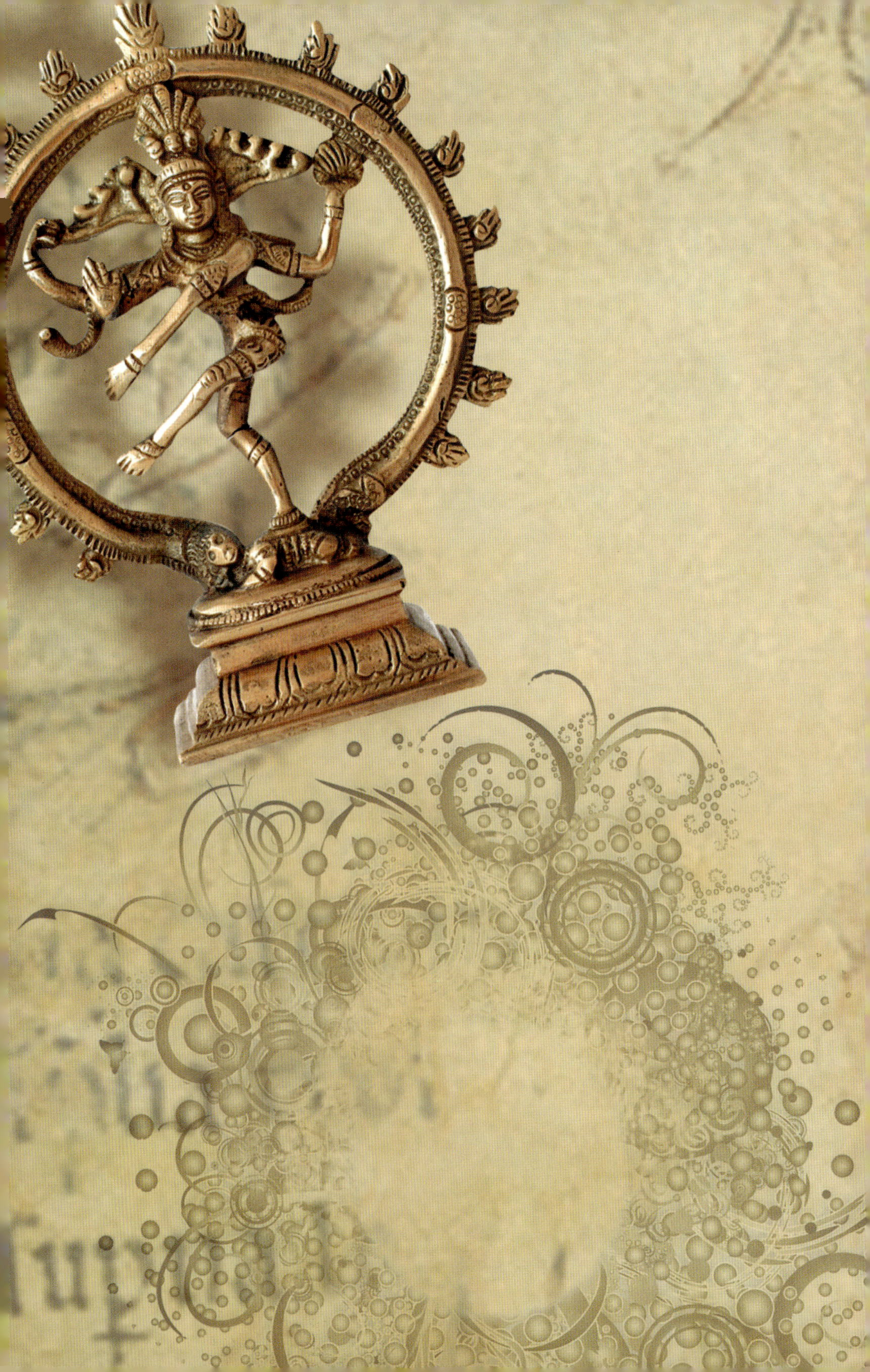

4.
Os perigos do ego

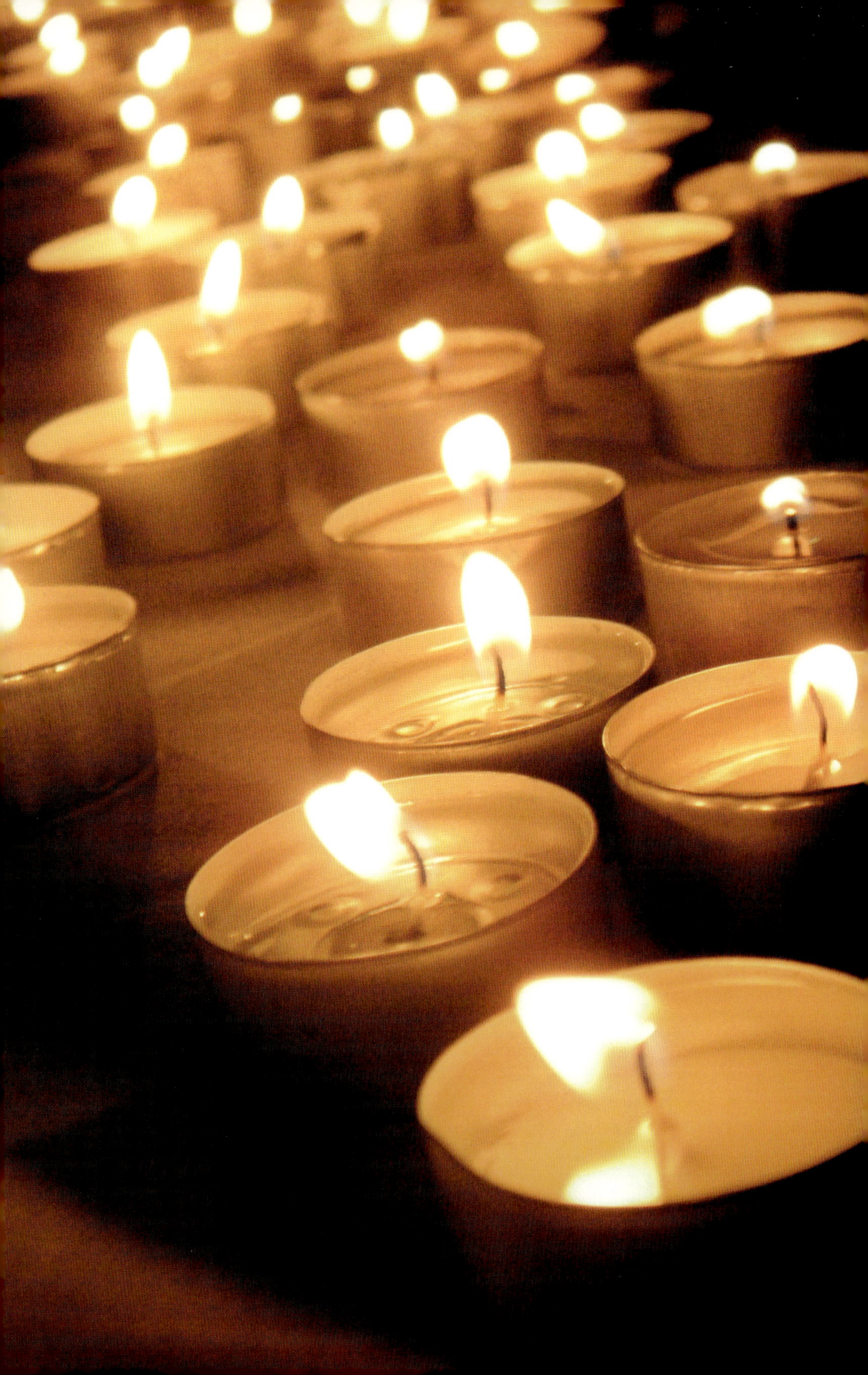

Nasce-se como um ser autêntico

Nasce-se como um ser autêntico, o sistema cria um falso, molda seu ego e faz com que você seja como é. O ego é um dos aspectos psicológicos mais perigosos de todos, um falso eu sobre o qual nos alertam todos os mestres espirituais, desde os orientais até os ocidentais. No Oriente, tanto Osho, quanto Krishnamurti e Ramakrishna nos advertem dos perigos do ego, mas, também no Ocidente, Gurdjieff, Maslow, Tart e Goleman nos alertaram sobre esse falso eu que acaba dominando nossa mente.

"O ego foi implantado pela sociedade."

Osho

Osho destaca que o ego é essa atitude que nos faz acreditar sermos únicos, que o mundo gira a nosso redor, que somos a atenção de tudo, que somos infalíveis e também os melhores. O ego nos faz menosprezar os demais, ser ambiciosos e nos comportar com superioridade.

O ego não é uma particularidade das pessoas incultas, há personagens muito cultos com um grande ego; também há políticos e até mesmo cientistas assim. Existiram e existem escritores que foram superados por seus egos e levados a tratar os demais como inferiores por não terem o talento que eles tinham. Também houve e há políticos que, por terem alcançado o poder entre seus cidadãos, creem-se superiores e infalíveis perante todos os demais. Até mesmo cientistas que, por criarem novas teorias ou realizado uma descoberta importante, creem-se capazes de compreender a ciência e o mundo que os rodeia.

Todos eles são incapazes de se auto-observar, de se autoconhecer e de descobrir sua pequenez e sua escassa realização interior. Isso os leva a não se conhecer, a se deixar levar por esse ego que lhes vangloria, que lhes adorna com falsas medalhas e lhes autoriza a desprezar os demais. Felizmente, é fácil conhecer esses seres dominados pelo ego; são esses indivíduos que nos olham por cima do ombro, que não se dignam a nos cumprimentar, que, quando falam, falam apenas deles mesmos e utilizam constantemente o vocábulo "eu". Fernando Sabater afirma sobre eles: "Quanto mais cerimônia rodeia um personagenzinho, mais é possível apostar sobre sua insignificância; quanto mais títulos há em seu cartão de visitas com letras em relevo, mais vazias e corriqueiras são as opiniões deles sobre qualquer tema...". Lamentavelmente, há muitos personagens com cartões com letras em relevo e tão cheios de títulos que parecem um autêntico *curriculum vitae*. Esses personagens são obrigados por seus egos a divulgar quem são diante dos demais, para mostrar sua superioridade e intimidar todos os que veem seu cartão. Seu ego adverte a todos os demais: "Este sou eu, intimide-se".

A aparição do ego na etapa infantil

Quando aparece o ego? Muitos psicólogos acreditam que o ego é adquirido, fruto de um estado infantil ou de uma educação equivocada.

Existe uma etapa infantil na qual o eu se converte em uma unidade auditiva, verbal, algo superior que se consolida com rapidez se os educadores não ensinarem à criança que, além dela, existem todos os demais. Nessa etapa infantil, a criança acredita que é o centro do mundo, que todos os caprichos que solicita devem ser cumpridos, que não há nada mais importante do que ela. O ego está constantemente demandando satisfações a ela e, se não as consegue, vem a birra, a cara feia ou o desprezo. É uma etapa difícil na qual o excesso de consentimento por parte dos pais se converte em uma ferramenta que potencializa o ego. Se essa etapa não for corrigida, a criança crescerá acreditando ser superior aos demais e capaz de conseguir tudo. É possível que a etapa seja freada no colégio, onde se enfrentará a realidade de que também há outros egos ou outros eus que competem para demonstrar que também são algo. Se a etapa não for freada, teremos um ser egoísta, que pode significar um verdadeiro perigo para a sociedade e, certamente, para si mesmo. Consequentemente, devemos agradecer aos nossos pais se não foram suficientemente permissivos conosco, se nos trataram como mais um, se fizeram de nós mais um ser neste planeta, um ser nem superior nem inferior, simplesmente como todos os demais entes que vivem na sociedade.

Segundo Osho, o ego é um estado psicológico que nos impede de perceber a nós mesmos, ao nosso verdadeiro ser. Já que agimos dominados pelo ego com o fim de recompensá-lo. Em uma reunião, adoramos ser o centro de tudo, que as pessoas nos escutem, que se aglomerem a nosso redor, riam de nossas graças e admirem nosso saber. Com essa atitude, recompensamos o ego, que se sente satisfeito e grande, cada vez maior, já que na próxima reunião exigirá mais atenção dos demais. Quando não somos escutados ou as pessoas não se interessam pelo que dizemos, o ego se frustra, irrita-se e recorremos a ir embora do lugar como birra, enquanto o ego nos diz para não nos preocuparmos, pois se trata de gente inferior, incapaz de compreender nosso talento.

> "Uma criança que nasce em um ambiente familiar pouco adequado pode ter várias alterações psiquiátricas ou psicológicas, porque a informação que está chegando a ela não é a adequada para que seu cérebro se desenvolva de forma psicologicamente sã."
>
> Javier de Felipe, professor do CSIC
> [Centro Superior de Investigações Científicas],
> especialista em cérebro humano

Osho nos alerta de que estamos de ego doente

Osho destaca que o ego, mais cedo ou mais tarde, produz sofrimento, frustrações e até mesmo loucura e suicídio. Produz sofrimento se nos custa alcançar as metas que nos impusemos, ou melhor, que o ego nos impôs. Produz frustração quando não alcançamos essas metas e, consequentemente, surgem traumas que o ego não pode evitar, traumas que nos perseguem durante toda a vida e se convertem em uma carga pesada para nosso subconsciente. Supondo que alcancemos certas metas, é evidente que não a manteremos por toda a vida e chega um momento em que nossa glória desaparece. Como dizem os mestres espirituais: é preciso ser nós mesmos, pois, se você cria uma falsa imagem sua, não apenas não a poderá manter para sempre como, quando baixar o nível, você decepcionará a todos a seu redor e a você mesmo. E, quando tudo fracassa, vem a grande depressão, a loucura, consequência do enfrentamento com nosso próprio ego que nos recrimina por não termos mantido a imagem. E, como consequência dessa loucura, o suicídio do qual temos uma história cheia de exemplos com megalomaníacos, empresários, políticos, militares e artistas.

> "Tem sido negado às crianças, e a toda a população em geral, o costume de questionar a realidade."
>
> **Eduard Punset**

O ego cria uma situação na qual não queremos que ninguém tenha um eu superior ao nosso. Não apenas somos superiores, como também temos a última palavra. Esse ego origina muitos problemas, entre eles ciúmes, medos e fracassos. Também nos impede de ver a realidade, de questionar essa realidade, já que para o egoico as estruturas criadas a seu redor são a única realidade que existe. Por isso, os mestres espirituais nos estimulam a questionarmos a realidade e ensinarmos nossos filhos, desde pequenos, a questionar a realidade.

Algumas receitas de Osho para superar o ego

É muito difícil que uma pessoa carregada de ego se dê conta dessa situação. Às vezes, um forte choque na vida pode fazer com que ela veja seu estado egoico; em outras ocasiões, será necessária a ajuda de alguém para superar essa situação.

Osho e outros mestres espirituais não costumam interferir com pessoas egoicas se elas não tentam solucionar a situação. Como bem explicam alguns mestres, é inútil bater no ferro frio para endireitá-lo. E, embora pareça uma contradição, o primeiro objetivo do mestre

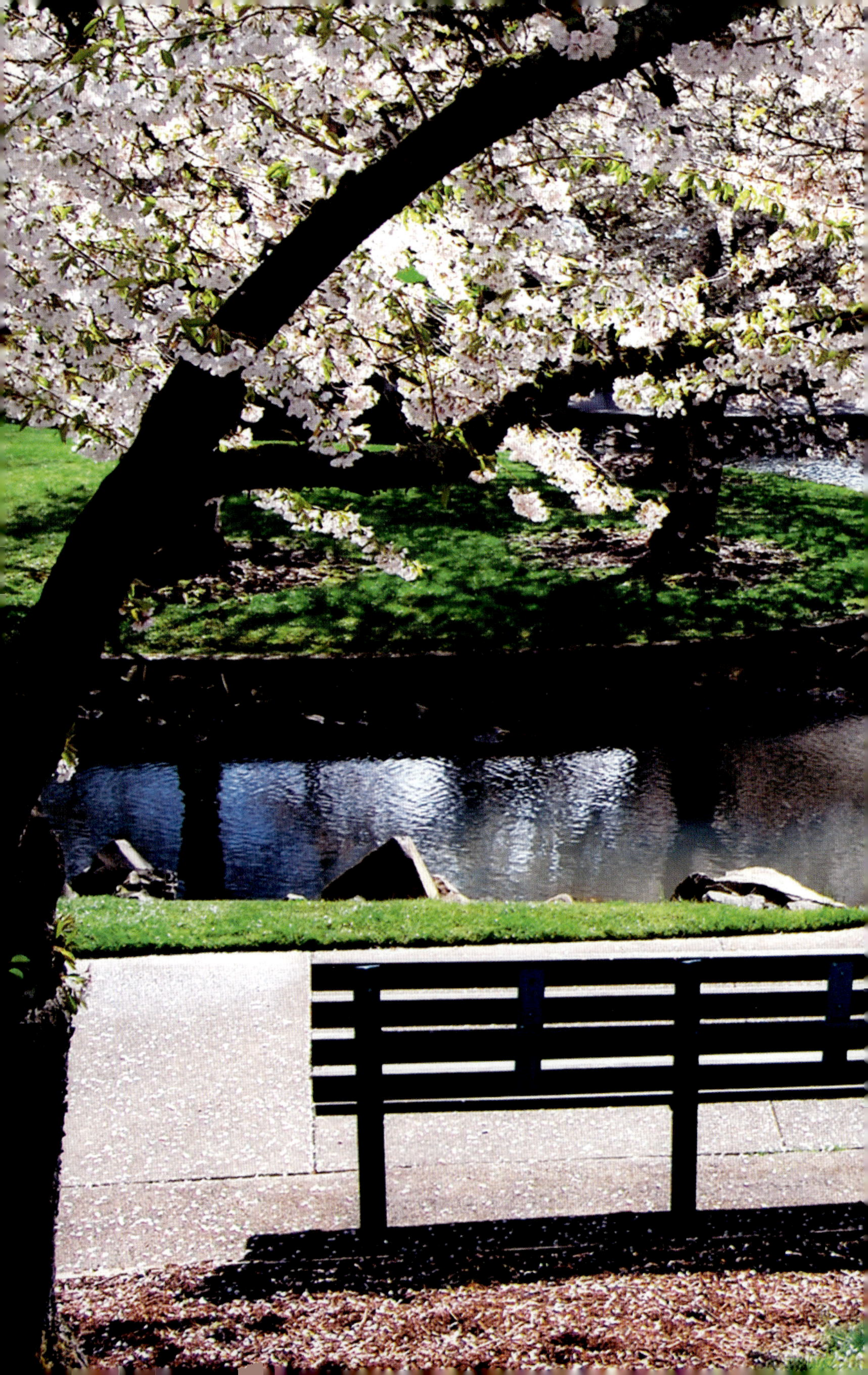

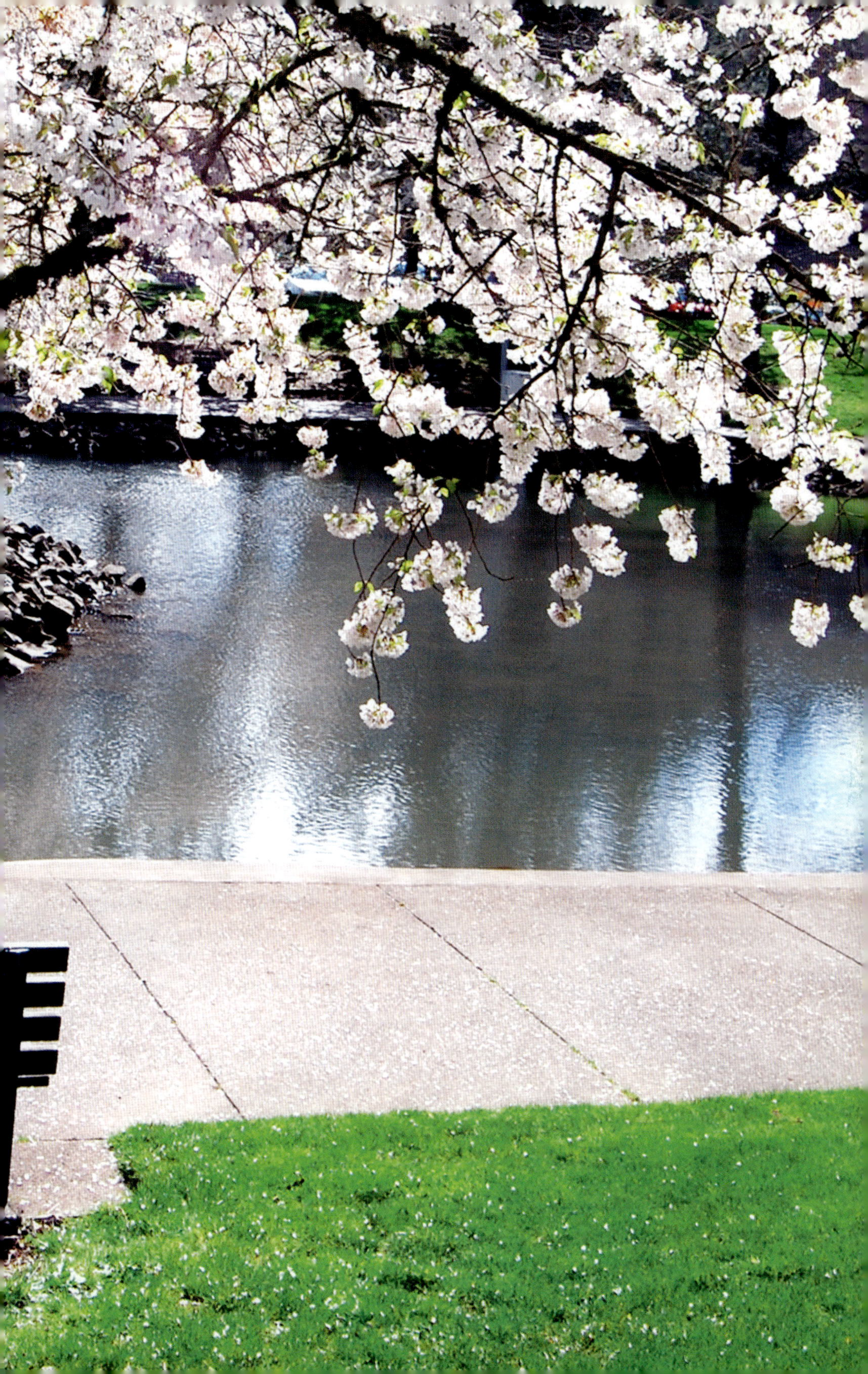

espiritual é humilhar o discípulo, obrigá-lo com essas humilhações a se dar conta de sua pequenez, de sua insignificância e de que está dominado pelo ego.

> "Mas é o seu eu o que tem de se transformar constantemente. Você não pode levar o mesmo eu velho ao mundo e esperar que o mundo seja novo para você."
>
> Deepak Chopra

Refletir sobre o ego, pensar nele e no que ele nos causa pode ser um bom caminho, mas, sem dúvida, a meditação também é uma via interessante, já que leva a uma nova experiência de busca interior na qual não se requer alardes exteriores.

Meditar sobre si mesmo, sobre nossas ações pode ser um caminho, mas lembremos de que em nossa mente está implantado esse falso eu que nos domina, que fala conosco, que nos diz que temos de seguir pelo caminho do ego triunfante. Não é fácil calar esse eu interior, ele sempre está presente, disposto a demonstrar que somos os melhores. Por essa razão, os mestres espirituais recorrem à meditação, porque a meditação é um caminho de silêncio mental, uma forma de calar a verborreia mental que nos domina e que nos impede de viver o presente autêntico.

> "A mente está sempre mudando de um pensamento a outro. Ser capaz de mantê-la dentro do corpo significa estar sempre totalmente presente, aqui e agora, no instante que conecta o temporal com o eterno."
>
> Seyyed Hossein Nasr, Sufismo vivo

O primeiro objetivo é o silêncio mental, e este apenas é conseguido por meio da meditação. Mas lembremos que o eu interior é inimigo do silencio, não gosta dele, odeia-o e teme-o porque ele significa sua morte. Então, nas primeiras meditações, tentará a todo custo boicotar o silêncio. Primeiro nos dirá que o que estamos fazendo é uma perda de tempo; depois, se fracassar nessa primeira tentativa, recorrerá à sutileza de trazer à nossa mente preocupações de nossa vida cotidiana: "Amanhã você tem de pagar essa conta e não sei se terá dinheiro suficiente", "Onde estará sua namorada agora?", "Você não estaria melhor na balada bebendo com seus amigos?". As sutilezas do ego para persistir dominando a mente humana podem ser incríveis. No entanto, se formos persistentes, o caminho da meditação acabará vencendo, porque com o silêncio da mente começaremos a encontrar outro tipo de recompensas, outra realidade na qual não somos dominados por ninguém. Pela primeira vez, nós somos testemunhas de nosso autêntico eu.

Uma forma de meditação muito adequada para extinguir o ego pode ser a da "Testemunha", de Ken Wilber, já que nos convertemos em testemunhas do que acontece em nossa mente, saímos dela para ver como funciona, vemos como o ego pretende dominá-la, mas nós não estamos nela, somos observadores. Esse método permite, pela primeira vez, observar de que forma nosso ego e nossos falsos eus trabalham.

A meditação é, sem dúvida, um dos caminhos mais adequados para combater o ego, mas às vezes é uma ferramenta que não funciona com todos. A psicologia transpessoal propõe outra ferramenta: a técnica centauro.

A técnica centauro requer a presença de um especialista que nos ajude em seu desenvolvimento. Apresenta-se como uma técnica mais rápida para combater o ego, ainda que mais tarde requeira a ajuda da meditação para evitar que os traumas que tenhamos descoberto voltem a se reproduzir.

"... o dragão é o guardião do ego e este é precisamente o tesouro que o herói deve alcançar."

Ken Wilber, *Después del Edén*

A técnica centauro, também criada por Ken Wilber, consiste em uma série de exercícios respiratórios e busca de lugares quentes e frios de nosso corpo que denotam a presença de bloqueios originados por velhos traumas. Se localizarmos os bloqueios e os identificarmos, ou seja, averiguarmos sua causa, saberemos muito de como foram produzidos, que atitudes egoicas os criaram, ou que frustração. Assim, para citar brevemente alguns exemplos, se a técnica localiza dor nas têmporas, significa que retivemos nossas lágrimas em alguma ocasião concreta; em tal caso, trata-se de averiguar quando ocorreu e por que retivemos nossa vontade de chorar. Talvez descubramos que nosso ego nos impediu de chorar diante de um fato doloroso para evitar que os demais interpretassem como fragilidade nossa. Se recordarmos o acontecido, teremos superado o bloqueio e o consequente trauma e, o mais importante, teremos desmascarado a manipulação do ego em nós.

"A meditação é um discurso de entendimento, atento e cuidadoso, para buscar a verdade escondida."

São Bernardo

Outro exemplo é descobrir que um lugar quente de nosso corpo é nossa garganta. Esse fato nos indicará que ali há um bloqueio, possivelmente por algo que calamos, por algo que não dissemos, por algo que estamos engolindo e sobre o qual não protestamos. Outras partes do corpo podem nos mostrar outras realidades traumáticas: a pélvis revelando problemas sexuais, as pernas denunciando um desequilíbrio geral, etc.

Definitivamente, cada um deve recorrer à técnica que lhe seja mais eficiente para desmascarar o ego, para combatê-lo e superar seu domínio. Sobretudo, os primeiros passos devem residir na auto-observação, na reflexão de nossas ações. Devemos nos perguntar constantemente quem toma as decisões, nós ou nosso ego. E questionarmos também, constantemente, por que realizamos esse ato, por que tomamos essa decisão. O que estou fazendo aqui rodeado de pessoas que me escutam? A quem estou satisfazendo?

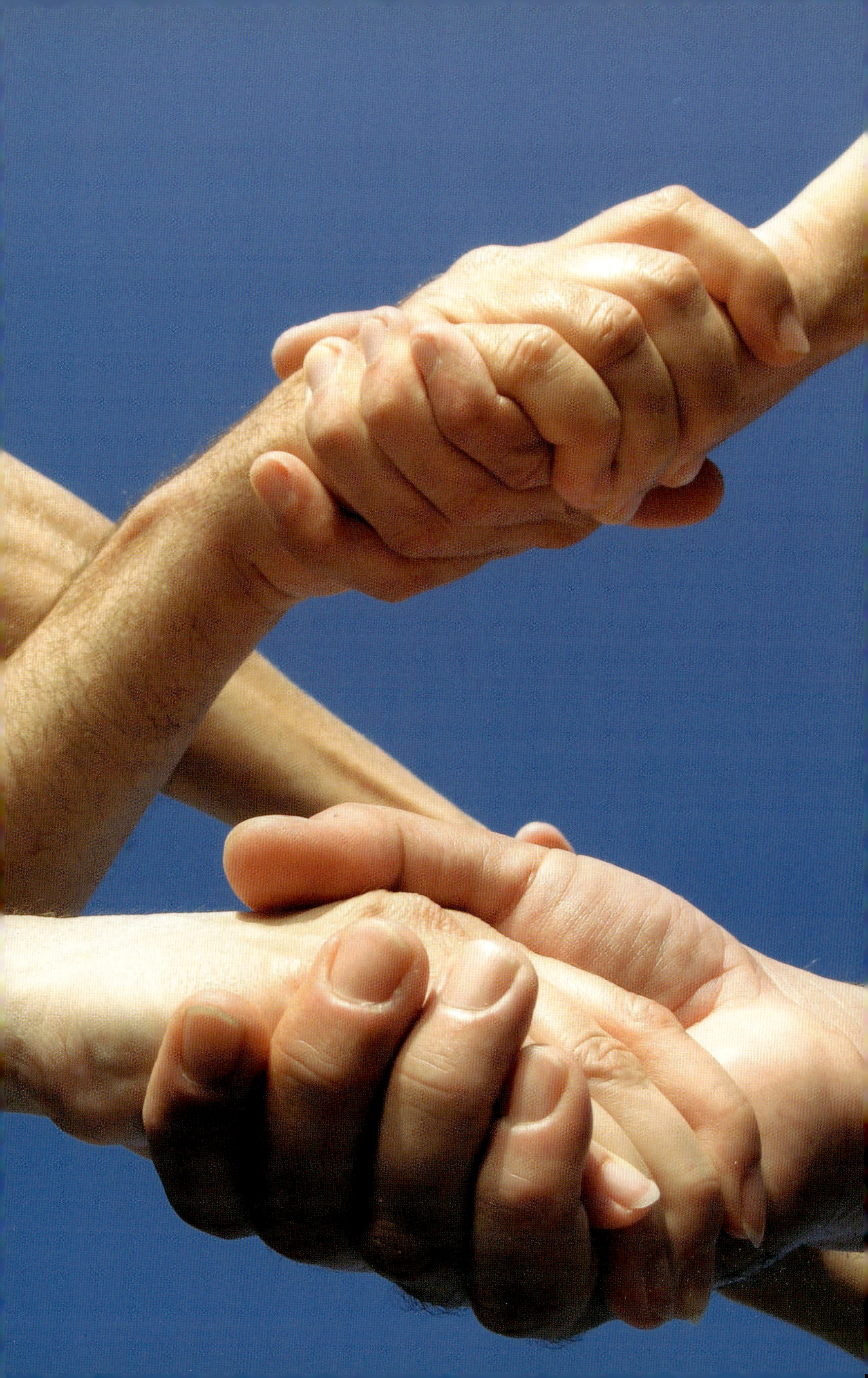

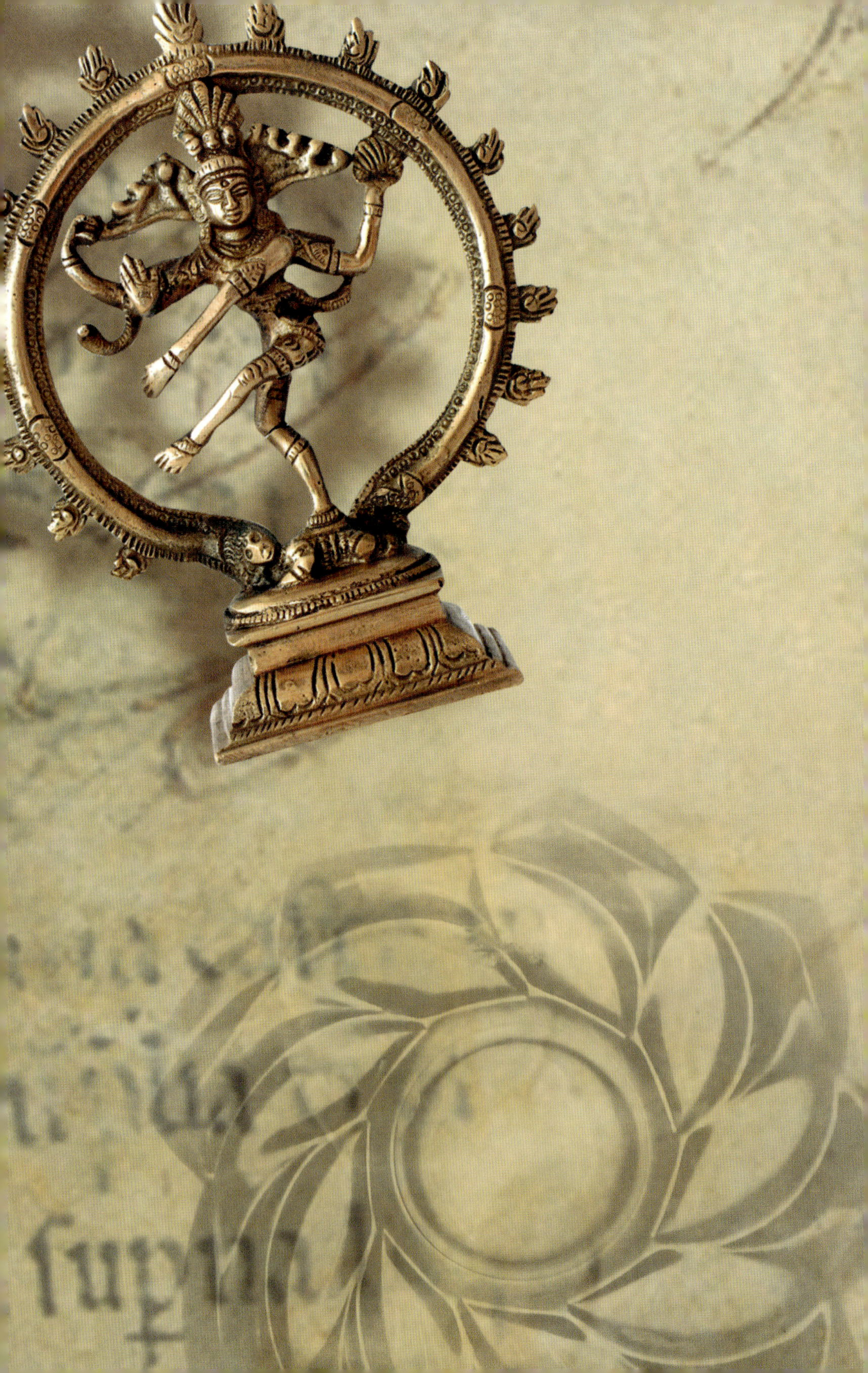

5.
A armadilha do êxito e do poder

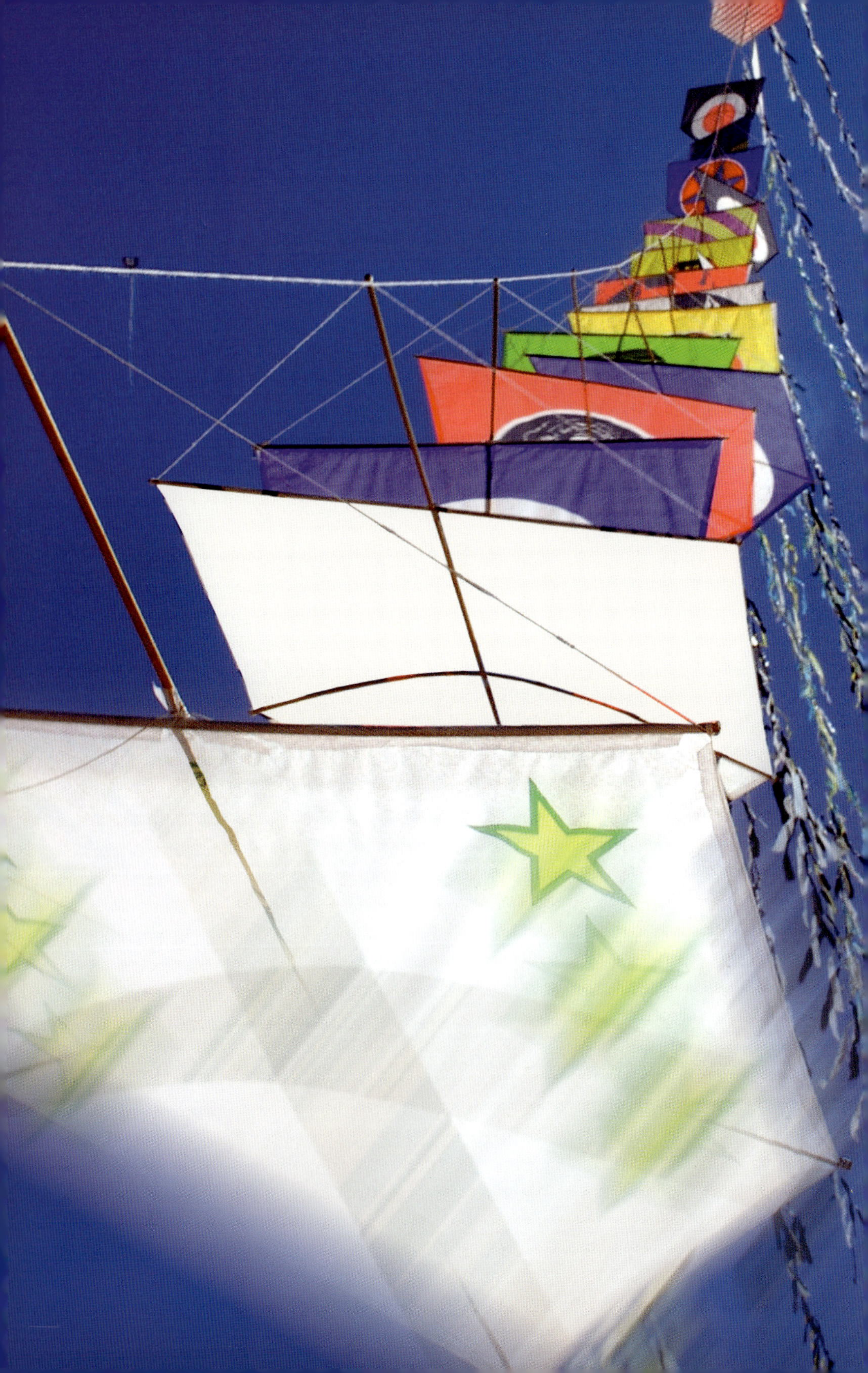

As armadilhas do caminho interior e da sabedoria espiritual

Osho e todas as tradições espirituais, assim como todos os mestres que seguem essas filosofias, são claros e explícitos quanto ao conceito do êxito e do poder: trata-se de duas armadilhas para impedir a evolução interior e o caminho espiritual.

Lamentavelmente, nosso sistema social está constituído da modalidade do prêmio e recompensa para aqueles que chegam a seus mais altos escalões sociais, para os que têm êxito e triunfam e para os que alcançam o poder. Toda a educação, toda a publicidade, todo o ensinamento gira em torno de alcançar o êxito, de triunfar e conseguir o poder. Até mesmo muitas religiões estimulam a alcançar altas metas para poder continuar manipulando o resto dos seres com seus dogmas e ensinamentos.

"O desejo de poder é a pior enfermidade de que padece o ser humano no mundo inteiro."

Osho

Enfrentamos um sistema social que nos estimula a competir, a ganhar dinheiro e prestígio, a pensar na recompensa material e nas relações humanas como único propósito de nossa vida. O conhecimento interior, a via espiritual, o reconhecimento da nossa insignificância cósmica, o saber mais em oposição a ter mais são aspectos que não são contemplados no sistema ocidental, onde só importa o prestígio, o dinheiro e o poder.

Osho destacou centenas de vezes que o êxito e o poder são coisas efêmeras, que mais cedo ou mais tarde perderemos. São uma armadilha, uma ilusão e uma miragem para impedir ver nosso verdadeiro ser. Eles nos impedem de nos autoconhecer porque nos submergem em um mundo de falsa glória, de falsos amigos que nos rodeiam para sugar algo de nosso êxito, para poder dizer que são amigos deste ou daquele. Mas todo esse êxito, esse poder não serve para nada, já que, conforme se vai subindo em fama e poder, aproxima-se a data da queda inevitável. Por outro lado, de que nos servirá todo esse êxito e esse poder, quando estivermos no túmulo?

> "Muitas pessoas se vangloriam de sua riqueza, de seus poderes, de seu nome e sobrenome, de sua alta posição na sociedade. Mas não encontrarão todas essas coisas efêmeras depois da morte."
>
> **Ramakrishna**

Triunfar na vida é algo muito relativo. É possível ter triunfado em um aspecto e fracassado em outro. É possível ser um político bem-sucedido, mas fracassado na vida familiar ou sentimental. É possível ser um grande militar ou empresário e fracassado na vida espiritual. Até mesmo ter alcançado o poder e estar tão ocupado com mantê-lo e manipulá-lo que deixamos de conhecer a nós mesmos, ter uma vida interior, ser humanos e só agirmos por meio de estratégias, marketing ou táticas de todo o tipo.

Por outro lado, o triunfo e o poder não são fáceis de suportar, e muitos padecem por essas cargas efêmeras sem nenhum valor espiritual, sem o profundo da verdadeira vida e do conhecimento de si mesmo.

A armadilha do êxito e do poder

Muitas pessoas acabam sofrendo o que se denomina "mal de altura", esse gênero de enfermidade eufórica da qual padecem os escaladores que sobem acima do que são capazes de suportar.

Com a euforia do êxito e do poder, o transcendente deixa de ter valor. A pessoa se acha a melhor e perder tempo na busca interior já não importa.

> "O mundo é difícil, é um lugar onde não é fácil chegar ao final de uma vida sem descobrir que foi mal aproveitada."
>
> Kazuo Ishiguro (escritor japonês)

Como bem diz Osho, o êxito é uma ambição, mas tão forte que nos impede de ver a realidade que nos rodeia e de dirigir nossa mente para um objetivo transcendente. É uma ambição que nos cega e que pode nos manter absorvidos em um bendito sono durante toda a vida; então ao final dela, se é suficientemente longa, percebemos que nos equivocamos de caminho e que não sabemos nada de nós nem da verdadeira realidade.

Adulação, ego, intranscendência e fanfarrice

Quando se pergunta a um mestre espiritual para que serve o êxito, ele é taxativo em sua resposta: para perder amigos de verdade, para perder intimidade na vida, para se rodear de aduladores, para se afastar do mundo interior, para ter uma vida intranscendente, para não chegar a conhecer a si mesmo, para aumentar o ego e a fanfarrice.

Mas como evitar essa ambição do êxito? Não há dúvida de que, se praticamos uma via espiritual seguindo os conselhos de antigas tradições e filosofias, instruindo-nos e meditando todos os dias, é muito difícil cair na ambição do êxito, já que teremos descoberto um caminho muito mais interessante e perene, um caminho no qual a cada dia vamos ascendendo, sabendo mais e conseguindo maior tranquilidade espiritual.

A renúncia à posse de coisas materiais é uma das respostas dos mestres hindus contra a ambição e o êxito. Claro que não possuir coisas materiais converte-se em um problema na civilização ocidental. Como resposta a essa situação, Swami Rama destaca: "Na realidade, não é necessário renunciar às coisas materiais do mundo, já que o ser humano não possui nada. Portanto, não é necessário renunciar a nada, apenas ao sentimento possessivo".

Se ainda não estamos em uma via espiritual, temos de começar admitindo que somos únicos, normais. Devemos aumentar nossos conhecimentos e cultura, ao mesmo tempo em que buscamos a verdade interior. Temos de conhecer a nós mesmos e aceitar que somos como somos, e que não queremos ser como os famosos. Se por alguma circunstância alcançarmos uma relativa fama – como escritores, artistas ou atletas –, devemos procurar ser humildes, passar despercebidos, seguir a norma de que é uma grande inteligência saber ocultar nossa inteligência.

> "O Universo inteiro e toda a experiência só existem para serem transcendidos."
>
> Da Love-Ananda

Lembremos que o êxito atrai os malvados, os cínicos, os hipócritas, os que querem viver à custa dos demais. Isso é algo que vemos a cada dia e que, no entanto, se repete incessantemente. São essas cortes que acompanham muitos famosos, artistas ou futebolistas, que vivem de suas festas e de seu dinheiro, mas, quando isso acaba, também se vão as "amizades". É como as cortes dos antigos reis que eram rodeados de um tropel de aduladores, instigadores e malvados, que duravam o que perdurava seu reinado.

Porque, na realidade, as pessoas são fascinadas pelo falso, pela mentira e pela ilusão.

"A menos que vivamos algum tipo de revolução espiritual que possa nos manter ao mesmo nível que nosso gênio tecnológico, é muito improvável que consigamos salvar nosso planeta."

Karen Armstrong, *Grande transformação – O mundo na época de Buda*

Nosso sistema social está cheio dessas pessoas que são como almas perdidas em busca de algo. É um problema porque nos priva de uma série de valores e nos distancia da verdadeira realidade, além de nos afastar da espiritualidade e da busca interior.

O poder e a renúncia na escola de Osho

Pode-se ter êxito, mas isso não significa poder; pode-se ter dinheiro, mas tampouco o dinheiro é o poder. O poder é mandar, ser obedecido por todos, é um degrau a mais na fama e na egolatria. Um poderoso magnata do petróleo ou de multinacionais, um general que governe seu país, um ditador e até mesmo um político escolhido por seu povo pode ter poder. Qualquer um deles se verá absorvido por essa enfermidade mencionada por Osho: o desejo do poder.

Quanto mais poder alguém tiver, mais difícil será superar a frustração de sua perda inevitável e uma lembrança traumática do triunfo que permitiu o acesso a esse poder. O poder torna as pessoas infalíveis, como os papas do cristianismo, que tantos erros cometeram. Napoleão destacava a respeito disso: "Triunfar sempre, não importa como; e você sempre terá razão".

Para os mestres espirituais, o poder desumaniza, faz com que as pessoas se tornem déspotas e frias. Um político, por mais humano que pareça, está sujeito a seus assessores de imagem, que lhe dizem o que deve dizer para seduzir seu eleitorado. Na realidade, esses assessores políticos só estão interessados nos números frios e nas estatísticas.

> "A crise não está no mundo exterior. Pelo contrário, está dentro e nós, em nossa consciência. Significa que é o ser humano que deve mudar."
>
> **Krishnamurti**

Os mestres espirituais dizem que se livrar do poder é se aprofundar em si mesmo e se fascinar pelo poder é se distanciar de si mesmo. Muitos psicólogos destacam que apenas os seres psicologicamente inferiores desejam o poder, pois é uma forma de ocultar sua inferioridade. E esses indivíduos, acrescentam, costumam ser déspotas, cruéis e inumanos. O poder é algo contrário à paz interior, à criatividade e à liberdade.

> "Morrer ao conhecido, morrer ao aparente para nascer no real."
>
> **Krishnamurti**

Devemos renunciar ao poder, ao êxito e a ambições desse tipo. Nenhuma dessas ambições nos transporta ao caminho da espiritualidade. Como diz Krishnamurti, é preciso morrer no aparente para nascer novamente em algo mais real.

Nem a fama, nem o êxito, nem o poder nos darão a felicidade; possivelmente uma vida normal tampouco nos fará felizes, mas nossa tranquilidade espiritual será muito superior. Também gozaremos de verdadeiras amizades, de intimidade, de paz interior e da possibilidade de nos aprofundar em nós mesmos, conhecendo-nos tal e qual nós nos queremos ver e não como somos vistos pelos demais.

O caminho da renúncia não nos torna mais fracos, e sim todo o contrário, nos dá mais força e nos permite utilizá-la com mais sabedoria e conhecimento.

> "É lindo ter a força de um gigante, mas terrível usá-la como um gigante."
>
> **William Shakespeare**

Osho destaca que a renúncia é libertação. Lemos nos *Upanishads* que o caminho reto é caracterizado pela renúncia e comporta, entre outras coisas, a trilha do conhecimento. No *Bhagavad-Gita*, lemos: "Aquele que tem um entendimento desapegado de todas as coisas, que venceu sua mente e já não tem desejos, alcança pela renúncia o estado mais elevado de perfeição, livre de todo agir".

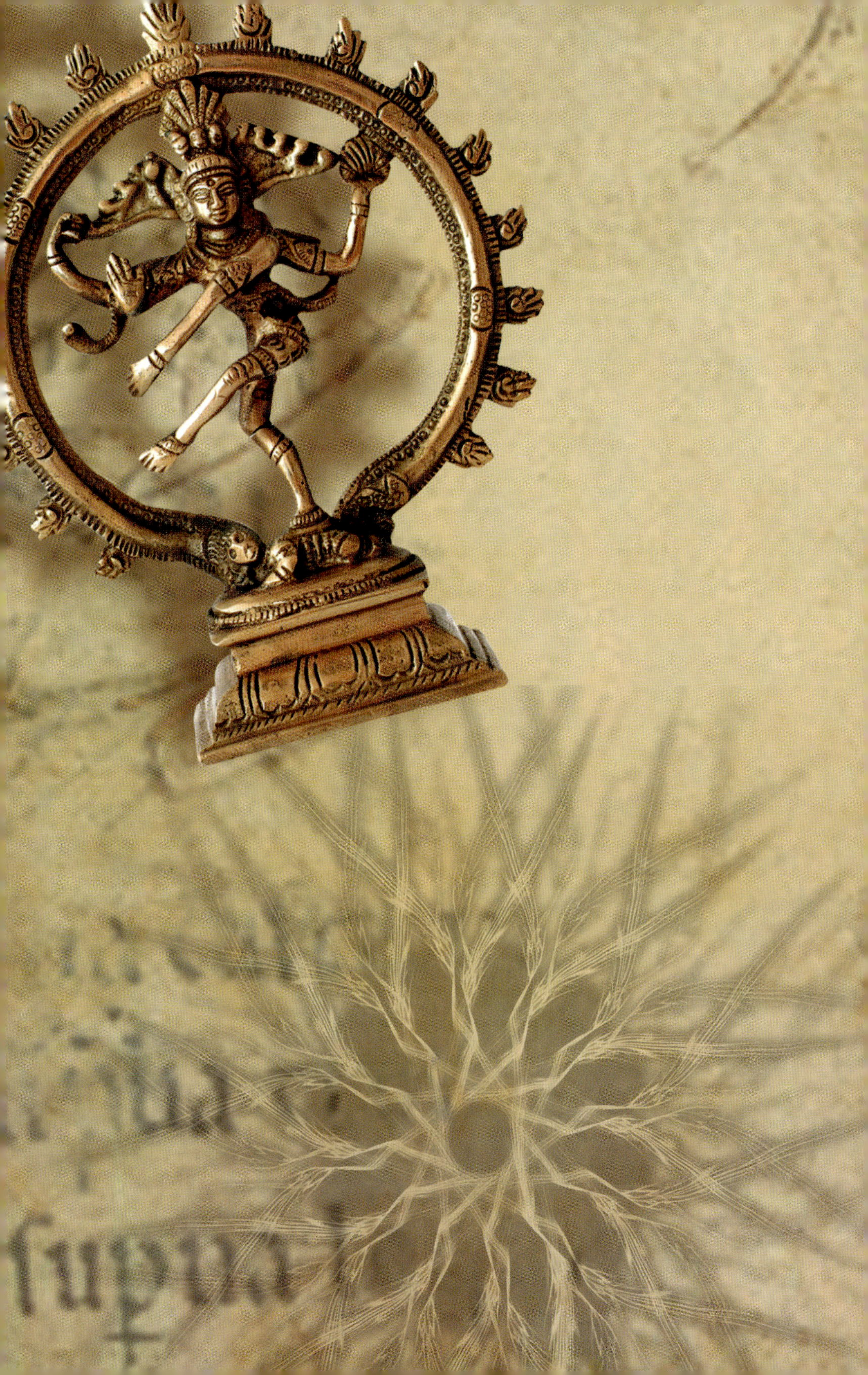

6.
A violência segundo Osho

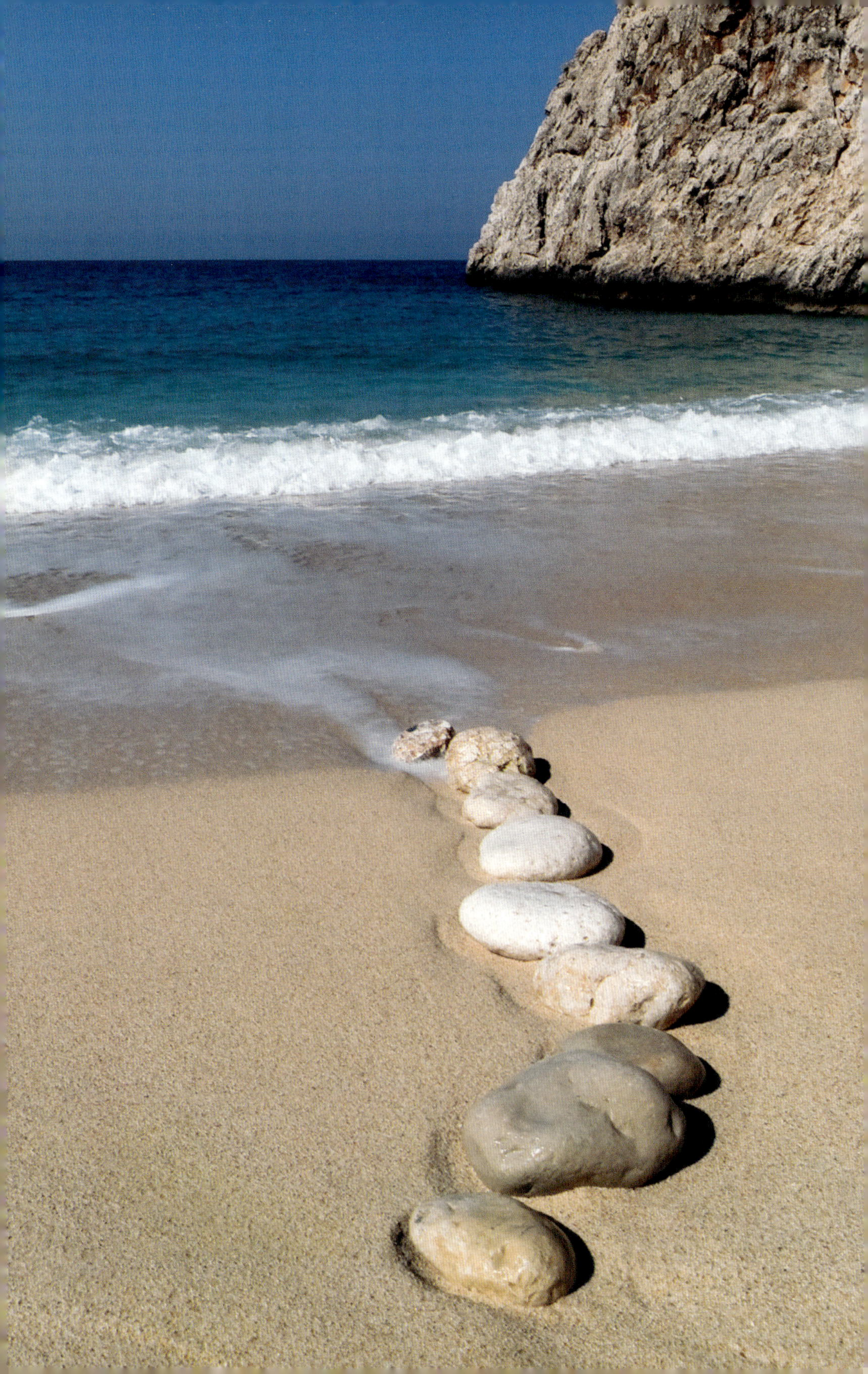

A espiritualidade começa pelo repúdio à violência

A repressão, as torturas, os crimes, as guerras, toda essa maldade humana que nos envolve com seus terrores por todo o planeta é consequência da falta de consciência de nós mesmos. Às vezes a barbárie pode ser produzida por enfermidades mentais, mas, em outras ocasiões, são pessoas supostamente sãs as que levam os países às guerras ou torturam seus concidadãos por terem ideologias distintas das que eles professam. A violência também é consequência da ambição, de se apoderar das riquezas dos outros ou da produção mineral, petrolífera de outra nação.

> "A vida não pode existir sem a convivência; no entanto, nós a tornamos extremamente angustiosa e repugnante por baseá-la no amor pessoal e possessivo."
>
> **Krishnamurti**

Osho e todos os mestres espirituais da Índia repudiaram a violência como método para alcançar objetivos. Muitas religiões também rejeitam a violência em seus princípios e dogmas, embora na realidade a tenham praticado sem nenhum escrúpulo. Exemplo disso temos no cristianismo, com as cruzadas, as matanças de hereges e a Inquisição. Também podemos citar os fundamentalistas do Islã, que não hesitam em cometer atentados suicidas dentro do que eles consideram a Guerra Santa.

Na Índia, foi Mohandas Karamchand Gandhi quem instaurou, frente ao colonialismo inglês, novos métodos nos quais repudiava a luta armada e pregava a não violência como meio para resistir ao domínio britânico. Lamentavelmente, Gandhi foi assassinado por um fanático fundamentalista quando pregava a conciliação entre muçulmanos e hindus.

Todos os mestres espirituais repudiaram a violência com firmeza. Krishnamurti foi um dos que mais insistiram nesse tema, relacionando a não violência com o conhecimento pessoal e a própria consciência.

> "O mundo está desaparecendo no caos porque nós temos perseguido falsos valores. Temos dado importância ao terreno, à sensualidade, à glória e à imortalidade, coisas que provocam conflito e dor. O verdadeiro valor se encontra no pensar com retidão; e não há pensar com retidão sem conhecimento próprio. O conhecimento próprio chega até nós quando adquirimos consciência clara e alerta de nós mesmos."
>
> Krishnamurti

Esse longo parágrafo de Krishnamurti é revelador em seu conteúdo. Fala dos falsos valores sobre os quais todos os mestres espirituais nos alertam, e insiste na necessidade de se pensar com retidão, mas também lembra que não há um pensar com retidão sem conhecimento próprio, ou seja, de nós mesmos, do que somos, do que significamos neste mundo, de nossas ações e nosso comportamento. Finalmente, lembra da necessidade de ter consciência de nós mesmos, de perceber que somos e vivemos no presente, que estamos no aqui e agora.

Violência e passado animal

Às vezes a violência é consequência de nossa educação infantil, dos condicionamentos impostos, dos falsos valores que induzem a lutar por causas raciais, falsas crenças. Educação que nos leva a odiar outras pessoas pelo mero fato de serem distintas, de acreditarem em outras coisas ou de viverem em outros lugares. A Irlanda do Norte teve um dos exemplos mais dramáticos do século XX: o ódio entre cristãos e protestantes, que provocou violência entre eles, cujas consequências ainda são visíveis entre os habitantes de um mesmo povoado ou bairro.

Para muitos antropólogos e etólogos, a violência é consequência de nosso passado animal, de nosso instinto de caçador, de nossa necessidade de ser violentos para sobreviver. Dizem que somos criminosos porque descendemos de macacos predadores.

> "Por serem agressivas, as espécies e os indivíduos se mantêm. Assim, podem se proteger e proteger os seus. A agressividade não é boa nem má, faz parte da própria definição do vivo."
>
> **Konrad Lorenz**

Osho e os mestres espirituais são mais propensos a manter que são os falsos valores os responsáveis pela violência que nos inculcaram e a falsa aceitação das ideias dos demais o que desencadeia o enfrentamento. Assim, temos que as ideologias políticas não democráticas ou antidemocráticas são as que levaram milhões de pessoas aos paredões ou à morte em campos de concentração; mas também as crenças religiosas fundamentalistas têm queimado, apedrejado e assassinado milhões de pessoas. O fanatismo é incapaz de aprender com a experiência, repete constantemente as mesmas brutalidades.

> "Enquanto o sacerdócio profissional, com seus preconceitos organizados, justificar a intolerância e a liquidação de outro ser pelo bem de nosso país e pela proteção de nossos interesses e ideologias haverá guerra."
>
> **Krishnamurti (1945-1946)**

Osho destaca que, lamentavelmente, vivemos em um mundo rodeado de violência. No qual a cada dia vemos amostras dela na televisão, nos jornais e, algumas vezes, nas ruas de nossas próprias cidades. A televisão não apenas nos informa de fatos violentos que transcorrem no mundo, como também os recria com espetáculos violentos ou filmes em que a violência é o mais comum. As recriações de violência na televisão ou nos videogames têm um impacto desestabilizador na mente das crianças e adolescentes, porque os incita a acreditar que a violência é normal no mundo e no comportamento das pessoas.

> "A violência é identificação com nosso passado animal."
>
> **Osho**

Quais são os caminhos contra a violência?

Todos nós trazemos em nossos genes uma herança animal que tem características predadoras, violentas, mas, como dizem todos os mestres espirituais, é preciso reprimir o animal, escutar nosso coração e recorrer ao raciocínio.

Osho insiste que é preciso reprimir o animal e buscar o lado humano de nosso ser. O caminho mais natural para combater a violência reside no conhecimento de nós mesmos; sem esse conhecimento, nosso comportamento é instintivo e, consequentemente, tem surtos violentos devido ao nosso passado animal.

Conhecer a nós mesmos implica reconhecer por que realizamos determinados atos, por que em determinados momentos estouramos, levantamos a voz ou perdemos os nervos. Conhecendo a nós mesmos, podemos refletir e nos perguntar por que nos portamos de tal maneira em determinadas ocasiões, por que fomos violentos.

A agressividade que experimentamos nem sempre é consequência de nosso passado animal; em algumas ocasiões, o meio pode ser um detonante. Por isso devemos escolher meios pacíficos, lugares que não incitem a violência, pessoas que nos inspirem paz e bem-estar. Devemos escolher nos relacionar com aquelas pessoas que nos proporcionem seu saber, inteligência, conhecimentos, harmonia e equilíbrio. Devemos evitar aquelas pessoas que nos deprimem e nos idiotizam, fugir dos medíocres e dos violentos.

> "... a repressão, as torturas, os crimes, as guerras, em uma palavra, essa maldade humana que nos envolve hoje em dia com seus terrores por toda a superfície do planeta é uma consequência da insuficiente adaptação ao mundo da técnica."
>
> Konrad Lorenz

Por fim, cabe destacar que a ira, a cólera não apenas faz mal a nosso espírito, mas também deteriora nossa saúde física. Todo estado de violência significa uma alteração do ritmo cardíaco, das substâncias corporais, da harmonia e do equilíbrio humano. As pessoas violentas têm mais probabilidades de serem acometidas por enfermidades do que as pacíficas. É certo que todos podemos contrair um vírus, mas, quando o corpo está em harmonia, as defesas fisiológicas são mais altas. São as pessoas violentas as mais propensas a enfermidades nervosas ou tumores, a sofrimentos físicos e a desequilíbrios mentais. A violência gera energias negativas e, consequentemente, deixa de estar em sintonia com o corpo. Se a mente está perturbada, produz apenas multiplicidade das coisas; mas, se a mente está serena e quieta, essa multiplicidade desaparece .

E regressamos, mais uma vez, ao único caminho que pode nos libertar de todos os males que nos afetam: a meditação. A meditação é a melhor fórmula para acalmar nossa mente, para nos inundar de paz e nos converter em seres não violentos. A meditação é a fórmula recomendada por todos os mestres espirituais para acalmar nossa alma e nosso espírito. É a única saída que pode nos reconduzir à paz, à busca interior e à pacificação de nosso ser. A meditação é um diálogo interior contrário à ação exterior. É uma atenção que nos faz escutar, que nos faz perceber que na realidade não estamos atentos. É preciso escutar nosso corpo sem julgamentos, sem referências, simplesmente escutar todas as situações da vida cotidiana, olhando a totalidade.

A meditação é felicidade, e a felicidade nos traz harmonia e equilíbrio interior, dois fatores que se convertem em barreiras contra a enfermidade e a maldade. Lembremos que o xamã Igjugárjuk, em 1930, disse a Rasmussen que acreditava plenamente que todo mal fugia dos lugares onde as pessoas eram felizes.

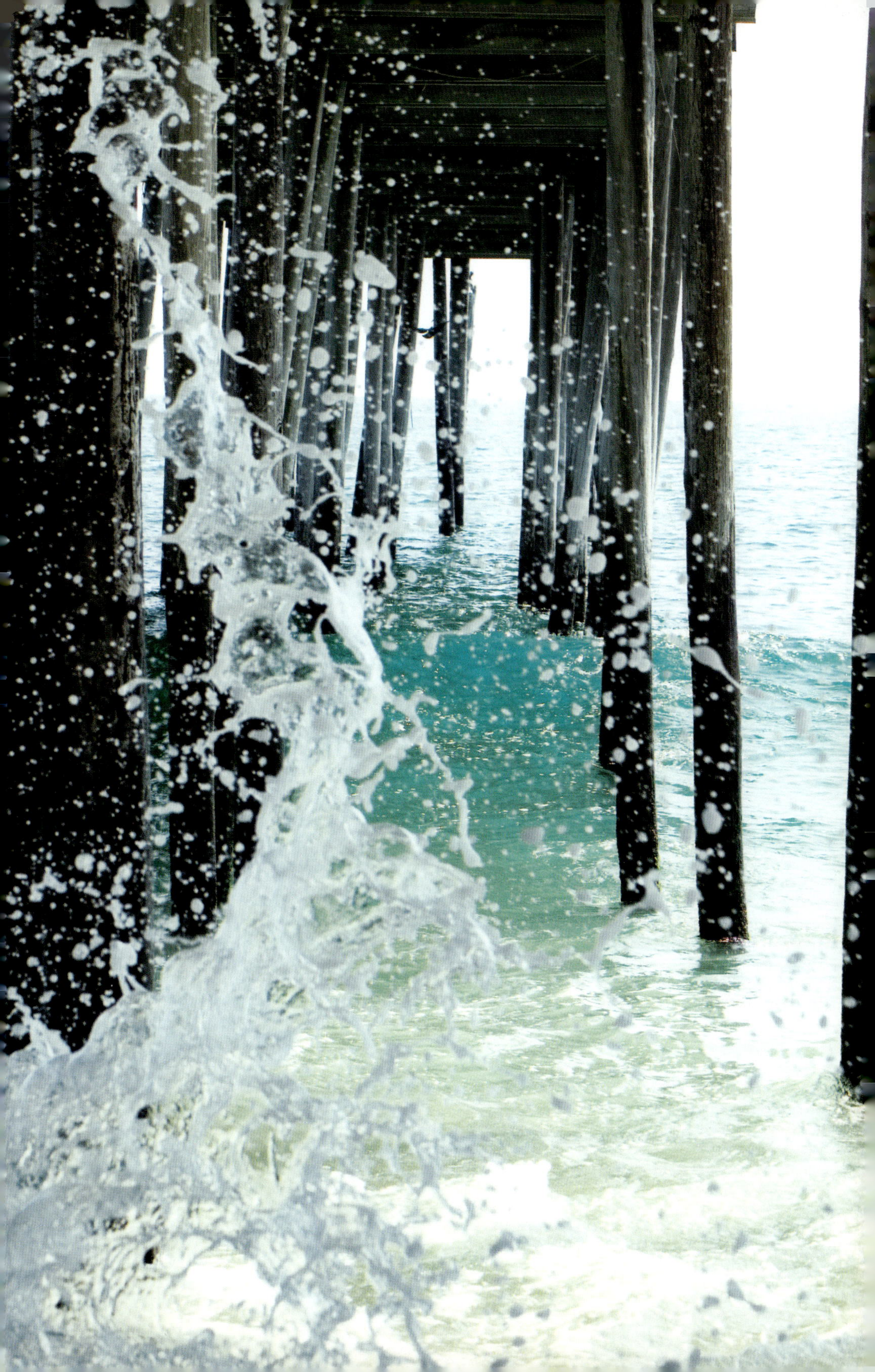

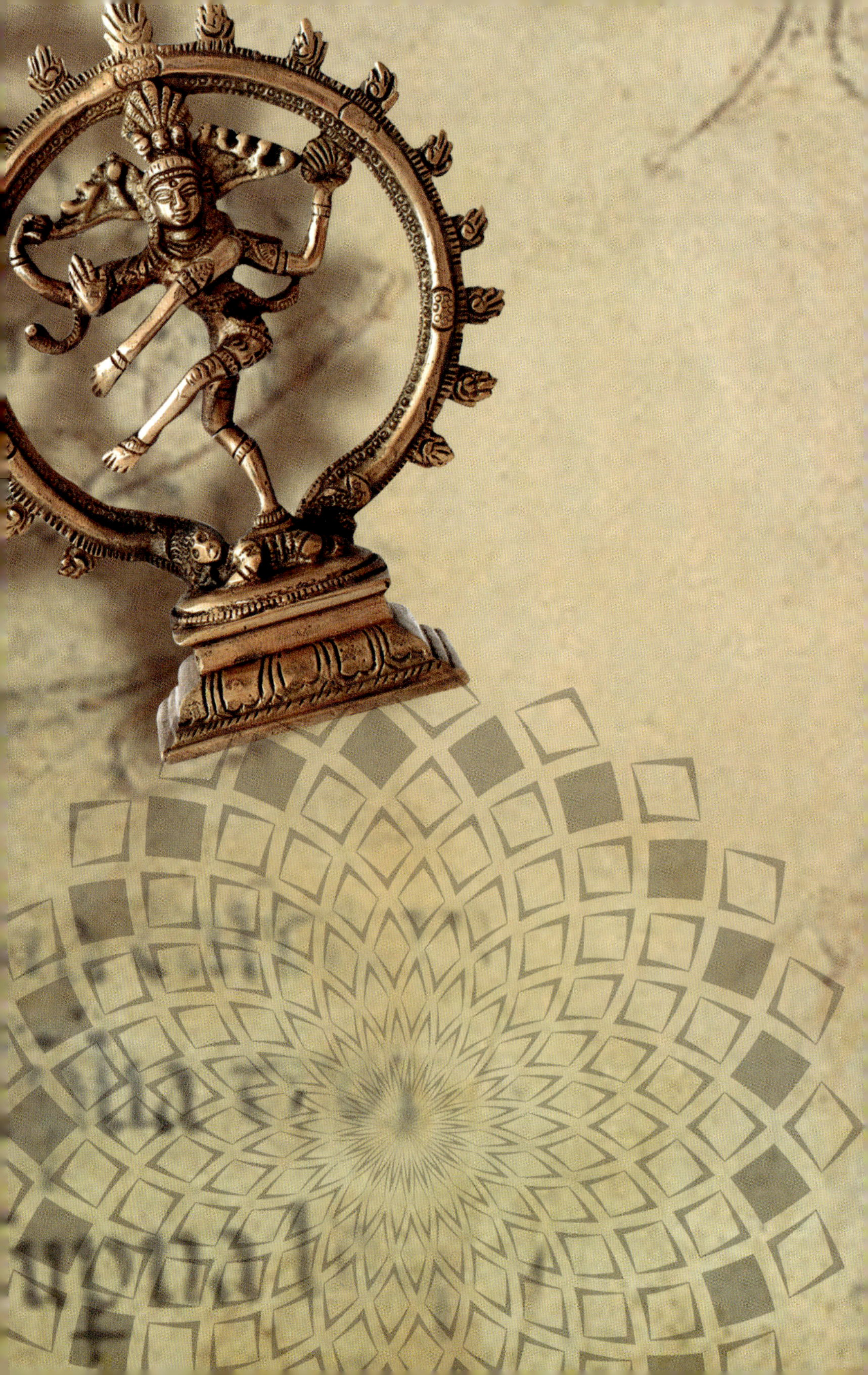

7.
Meditação, dança e música: componentes da escola de Osho

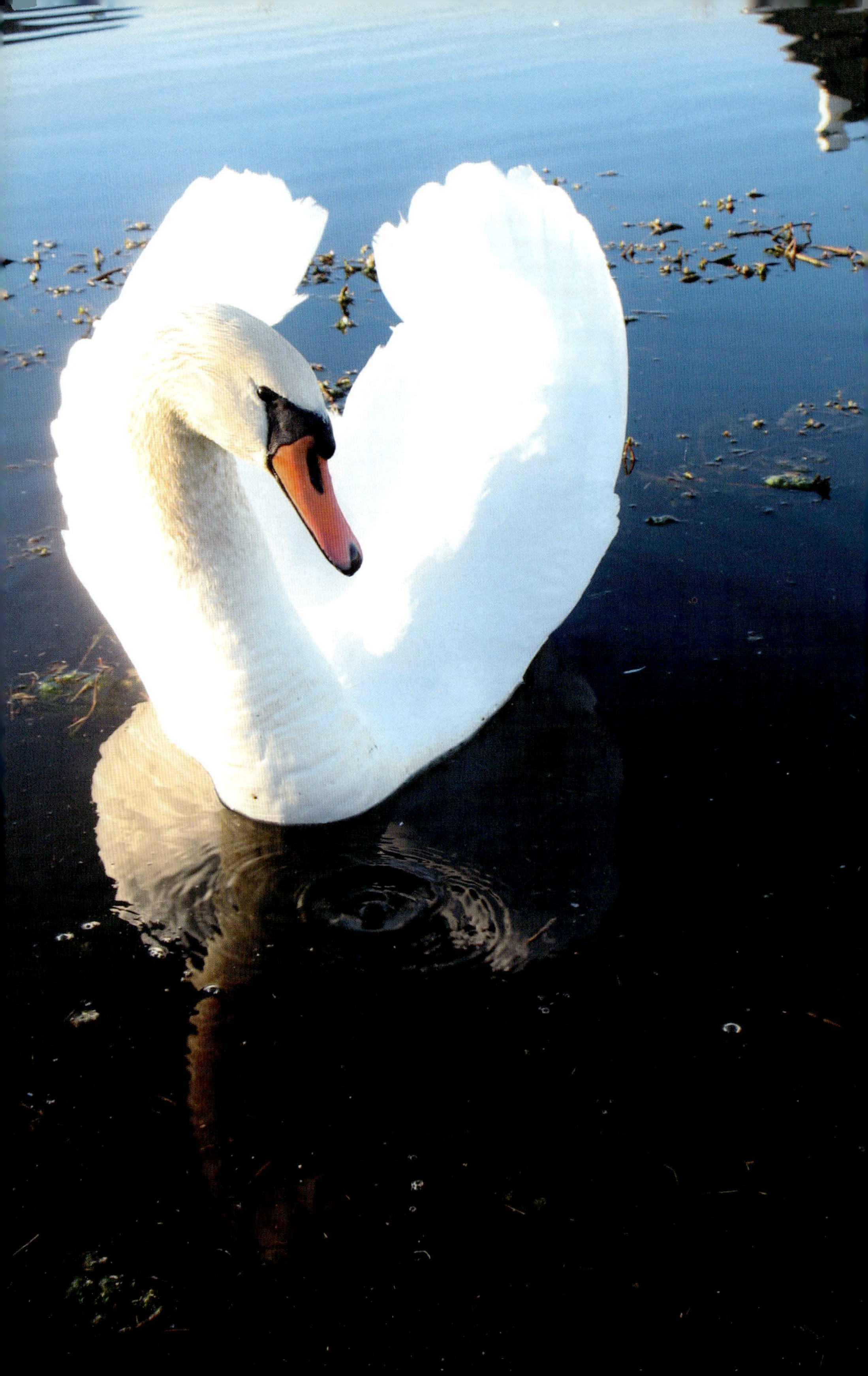

Em busca do mundo do silêncio

Em Mumbai, antiga Bombaim, na Índia, Osho criou o Resort de Meditação, um lugar de retiro onde é transmitida uma série de programas baseados na visão mística e espiritual de Osho. Os hóspedes se alojam nesse lugar tranquilo e afastado do subúrbio conhecido como Koregaon Park, em Pune, para relaxar e meditar, para praticar essas atividades, às vezes em silêncio, outras vezes acompanhados de músicas dinâmicas compostas pelo próprio Osho. Veremos ao longo deste capítulo a importância do silêncio e da música na escola de Osho, algo que esse mestre espiritual herdou de antigas tradições da Índia e que também foi praticado em escolas como a sufista e, mais modernamente, a de Gurdjieff.

Para Osho, o silêncio é um dos componentes do crescimento interior, motivo pelo qual induz os seus discípulos à meditação, já que essa prática favorece o silêncio interior, limita a verborreia mental e leva o cérebro a um estado de relaxamento. A verborreia cerebral nos coloca em uma irrealidade, condiciona-nos e nos domina.

"A linguagem é uma falsificação porque coloca as coisas em uma linha."

Osho

A solidão, o retiro espiritual é um dos componentes básicos para o crescimento, mas seus piores inimigos são os apegos e o medo da solidão, que cresce, especialmente, quando nos apegamos a outras coisas, a outros meios ruidosos, a outros valores e pessoas. O cérebro, com os eus que o compõem, como já explicamos em outra parte deste livro, tem medo do silêncio, porque deixa de nos dominar com sua verborreia e entra em outra realidade distinta da que o sistema social o induziu a viver. Mas, uma vez superado esse medo, uma vez conseguido o silêncio, o cérebro começa a se sentir gratificado com uma harmonia interior que desconhecia. A solidão é, portanto, a busca da harmonia interior e, ao mesmo tempo, da harmonia exterior, já que nos torna uno com a natureza.

O mundo do silêncio ajuda a interiorizar, a buscar o vazio, a sentir a verdadeira realidade da meditação. Todos os retiros espirituais têm o componente do silêncio.

O som dos mantras para alcançar o silêncio

Em algumas ocasiões, a meditação pode ser ajudada com pequenos sons que estimulam o processo, sons que podem ser produzidos pela nossa própria voz, repetindo siglas sagradas, como "Om", ou por meio de instrumentos: um sininho, um tambor, etc. A repetição de siglas sagradas é conhecida como mantra, uma força que põe em funcionamento a energia contida no Universo, uma energia capaz de nos trazer harmonia, equilíbrio e felicidade.

"Você precisa de mais energia para destroçar a si mesmo do que para construir um pouquinho de felicidade."

Krishnamurti

Meditação, dança e música: componentes da escola de Osho · 103

Lembremos que Pitágoras tinha uma escola na ilha de Crotona, onde ensinava suas ideias sobre os mistérios do Universo. Nessa escola, havia diferentes níveis de ensino: *acoustic*, referente à música e ao uso do monocórdio; *mathematici*, referente aos números e ao controle mental; e *electi*, o terceiro e mais alto nível de iniciação, no qual se aprendiam os segredos da transmutação psíquica e da cura por meio do som e da música.

Os mantras, que também são utilizados na escola de Osho, são uma vibração, uma longitude de onda que põe em funcionamento a evolução do Cosmos manifestado. Esses sons são uma força potencial para entrar em contato com a natureza oscilante da matéria. Diz-se no Oriente que todo o Universo exterior provém de um som primordial que se divide em, aproximadamente, 50 vibrações.

Na Índia, persistem muitas lendas sobre a criação, nas quais o som é um elemento primordial. Diz-se que foi a flauta de Krishna o que fez o mundo nascer. No relato *Matsya Purana*, Markandeya é descrito estudando o simbolismo de Maya, onde um majestoso ganso silvestre possuía uma respiração que era a melodia mágica da criação e da dissolução do mundo.

> "O som sagrado existe, e sua mera pronunciação pode invocar a experiência sagrada. Os sons são capazes de transformar a matéria."
>
> Fred Alan Wolf

A realidade é que os mantras facilitam a concentração na meditação, protegem o corpo de influências psicológicas negativas e servem para concentrar a mente. Os mantras são uma vibração no silêncio requerido pela meditação. Na realidade, existem três etapas no uso dos mantras.

* Etapa exterior. Nesta etapa, o som do mantra é pronunciado em voz alta.
* Etapa intermediária. O som do mantra é pronunciado em voz baixa, quase inaudível.

* Etapa interior. O som do mantra é repetido silenciosamente dentro da mente. Essa etapa é a mais poderosa, pois as vibrações ressoam e circulam pelos chacras. Trata-se de uma etapa na qual se regressa à meditação em silêncio, uma etapa que potencia a psique e move o espírito para a reunião com fontes primordiais.

Finalmente, destacaremos que o mantra por excelência é Om, o som original e mais poderoso que faz parte de quase todos os mantras que existem, e serve para invocar as mais puras e supremas vibrações. É o mantra mais importante, e Osho destaca o fato de que apareceu pela primeira vez no *Upanishad Mundana*.

A dança como caminho de transcendência

A escola de Osho combina meditação e dança, com músicas dinâmicas compostas pelo próprio Osho, já que a dança acompanhada pela música ajuda a meditar, transporta a um êxtase momentâneo e a uma espiritualidade que submerge na transcendência.

A Índia tem uma grande tradição na dança como caminho transcendente, como algo sagrado e harmonioso. A dança constitui os princípios criativos com Brahman e sua energia divina Saraswati; também temos o princípio transcendental compreendido por Shiva e a energia de Kali; e o princípio conservador de Vishnu e sua energia Lakshmi. A dançarina tem uma importante presença nos templos da Índia, porque tem também o poder de iniciar o processo de rejuvenescimento sexual. Os mestres hindus descobriram que por meio da dança se conseguia o controle das funções corporais, um dos caminhos para alcançar o controle da mente e da transcendência.

"A canção simboliza o mantra; a dança, a meditação."

Hevajra Tantra

Foi George Ivanovitch Gurdjieff quem introduziu na Europa os dervixes rodopiantes das ordens sufistas. Esses dançarinos são a expressão máxima da meditação e da dança conjuntamente. Os dervixes giram e giram em uma dança circular de impressionante contemplação e êxtase, com a mão direita levantada como símbolo de atração da luz à terra. É uma dança que os transporta a um estado transcendente no qual estão presentes e ausentes ao mesmo tempo. Dançam entre a multidão, mas seu coração voa longe dela. No transcurso dessa dança, seu conhecimento está além das percepções humanas; vivem momentos de transcendência que só podem ser experimentados, pois se trata de um caminho de busca da paz interior dentro de uma cerimônia mística que é a representação do eterno girar dos astros ao redor do Sol.

> "Pare, homem, de chorar e gemer; goze desta hora de sol brilhante; bailamos à beira gelada da Morte, mas bailar é menos divertido?"
>
> Richard Burton, *The Kasidah of Haji Abdu El-Yezdi*

Quando a escola de Osho nos propõe dançar ao compasso de suas músicas dinâmicas, não está fazendo outra coisa além de nos propor um estado de êxtase meditativo. Meditamos e dançamos ao mesmo tempo; buscamos o silêncio e escutamos as melodias propostas; nós nos deixamos ir levados pela música, mas nossos cérebros mantêm um pleno domínio de nosso corpo, já não está em verborreia, agora é todo harmonia. A música se converte no caminho meditativo que induz ao silêncio, à concentração, ao equilíbrio, ao aqui e agora.

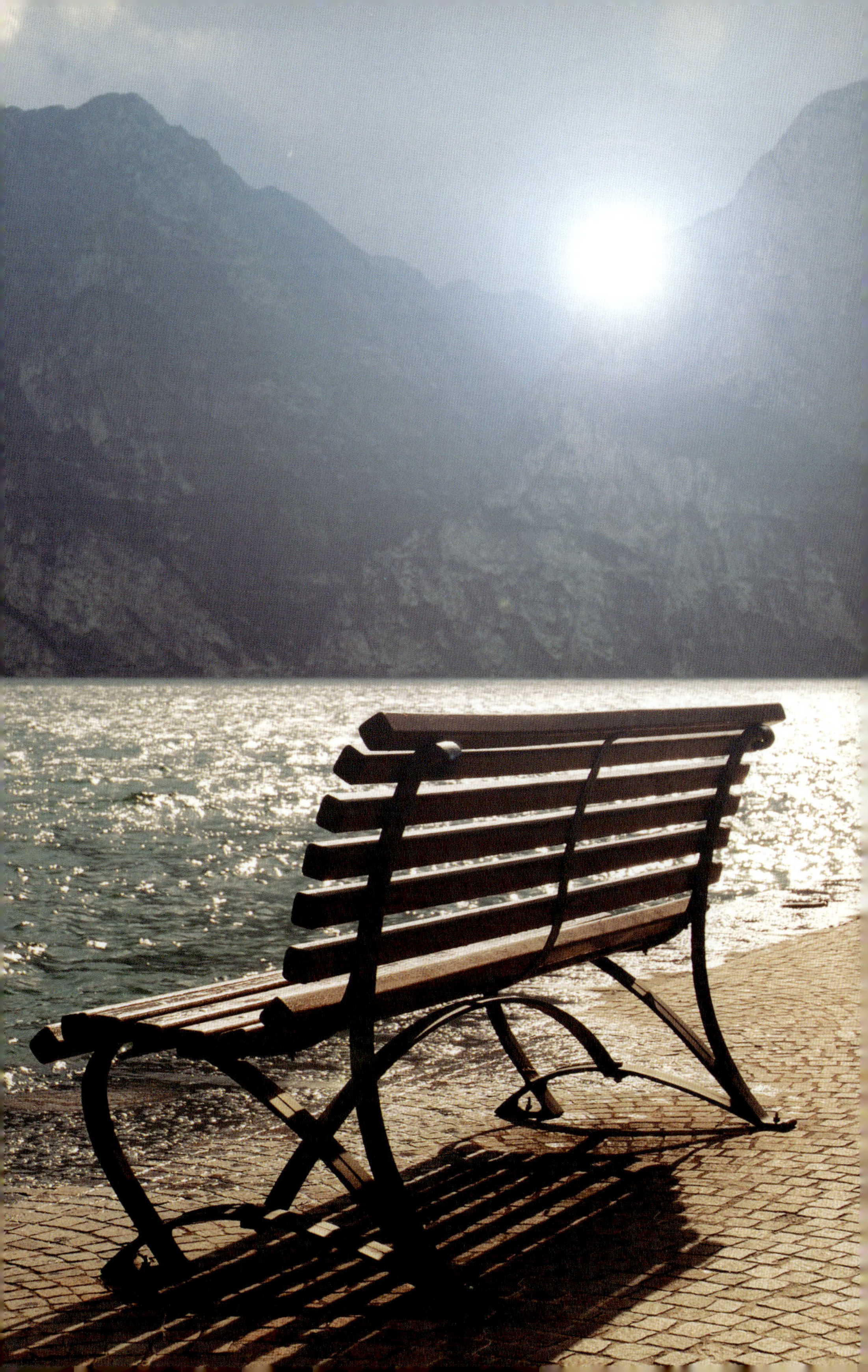

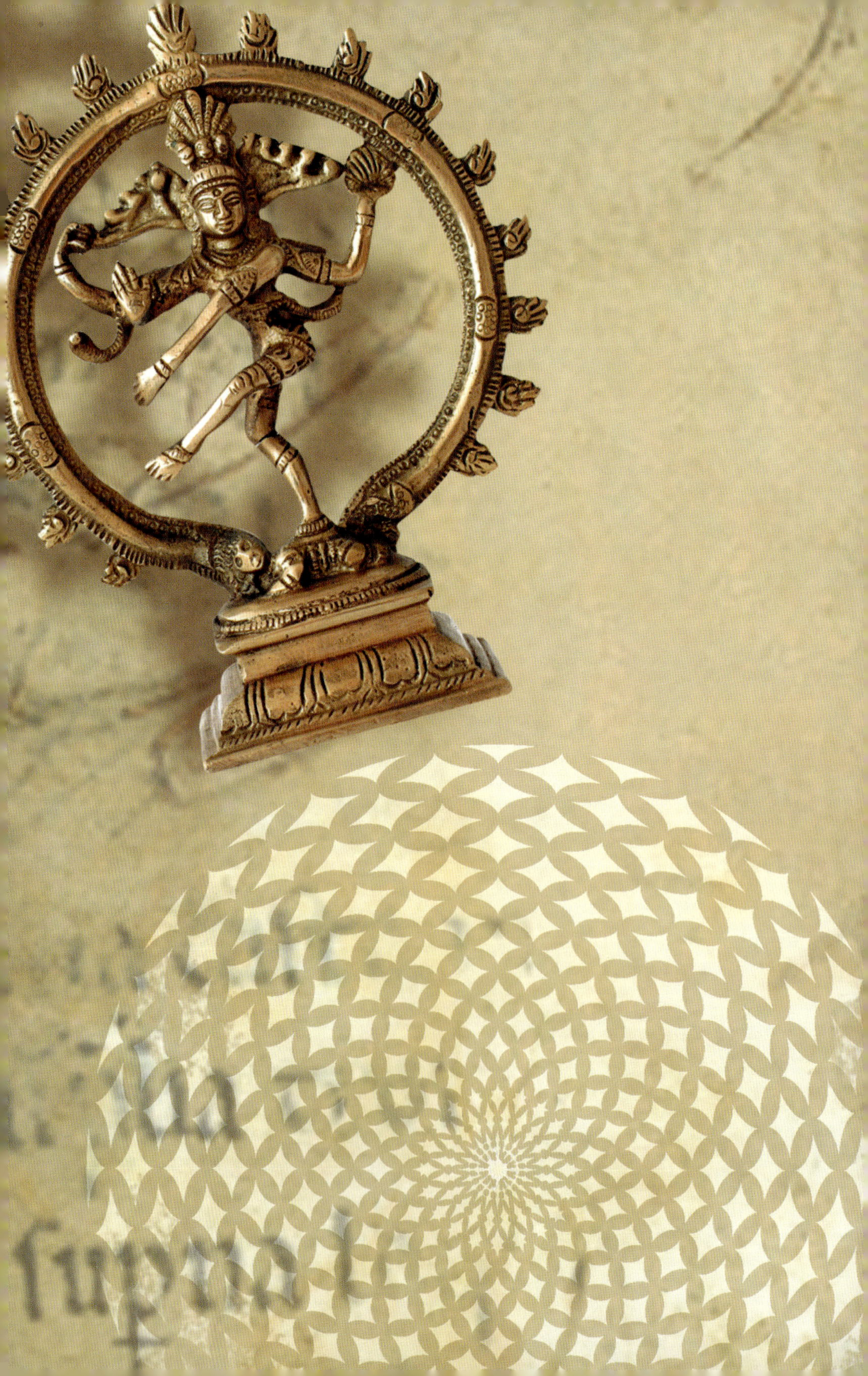

8.
Uma falsa concepção do tempo

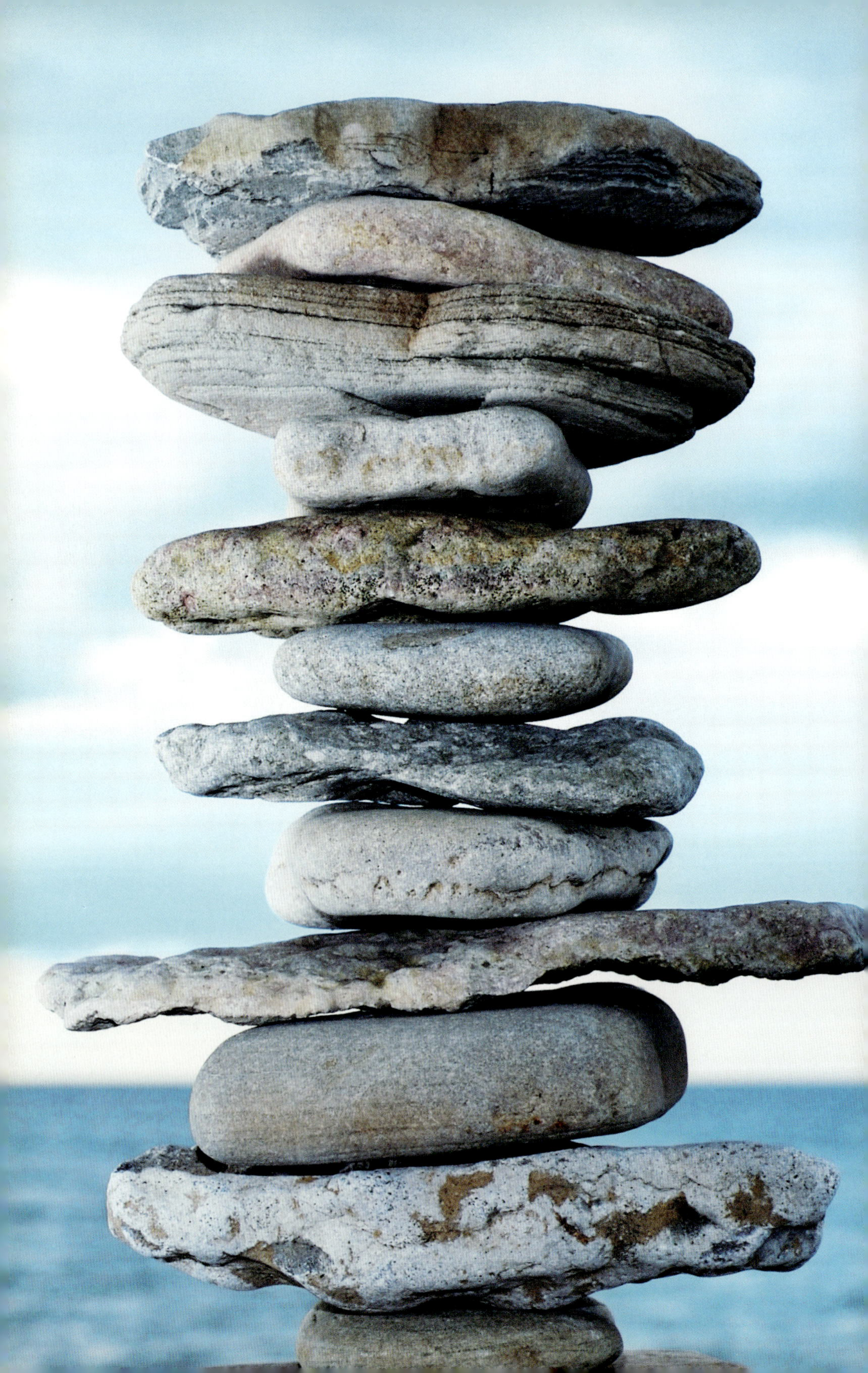

Passado, presente e futuro

Para Osho e os mestres espirituais, assim como para os cientistas especializados em física quântica, só existe o presente. Vivemos um eterno presente, essa é a realidade que defenderemos neste capítulo. A visão materialista é que vivemos para o futuro, mas na realidade o futuro é um presente que nos invade constantemente. Portanto, estamos muito mais próximos da visão espiritualista, que nos assegura que vivemos o presente.

> "Morremos ao final de um pensamento e renascemos no seguinte."
>
> **Swami Nityabodhananda**

O presente é algo eterno, sempre estamos vivendo o presente, tudo acontece no presente. Jamais imaginamos que o presente se acaba; inclusive, se morrêssemos, não estaríamos ali para sentir que algo termina.

O leitor pode argumentar que também existe o passado. Evidentemente, existe um passado; acontece que quando pensamos no passado o único que realmente reconhecemos é certa lembrança, que é, em si mesma, uma experiência do presente. Não podemos regressar ao passado para modificá-lo em nada, os fatos acontecidos são imodificáveis, os erros cometidos são imutáveis, os momentos de alegria e prazer são irrecuperáveis. Ainda que repetíssemos as mesmas ações, sempre seriam distintas. Não nos enganemos, estamos vivendo um eterno presente, sempre estamos no presente, no aqui e agora.

Os mestres espirituais insistem na necessidade de compreender que o tempo não existe, que vivemos um contínuo presente. A mente nos engana criando etapas como o passado e o futuro; nunca estamos no passado, tampouco no futuro, sempre estamos no presente.

O tempo é uma invenção do homem

O tempo é uma invenção do homem para medir fenômenos da natureza. O tempo é assimétrico. Uma prova disso é que recordamos o passado, mas não o futuro.

Na moderna física quântica, a noção do tempo não existe. Os físicos sabem que a chamada flecha do tempo nos faz recordar o passado e não o futuro, mas a escalas muito pequenas, escalas quânticas, como a escala da longitude de Plank (1/10 seguido de 33 zeros, 17 vezes menor do que a magnitude de um próton), a noção do tempo não existe.

"Não vivemos no tempo, vivemos o tempo. A autenticidade do ser se enfrenta à artificialidade da existência em tempo."

Heidegger, *Ser e tempo*

Para os mestres espirituais do Oriente, essa noção do tempo é verdadeiramente o eixo de seu ensinamento. Sempre insistiram no fato de que devemos estar presentes, e estar presentes é não estar pensando no passado nem imaginar o futuro, mas viver o presente como a única coisa que existe. A mente sempre tenta nos transportar para lembranças do passado ou projetos do futuro, como se não quisesse viver o presente que é a única realidade existente. Passado e futuro não são mais do que uma ilusão, uma miragem de algo que não existe no presente. Robert Earl Burton, em *Lembrança de si*, destaca: "Tudo é ilusão, exceto o presente. Para estar presente é preciso se interessar mais pelo que nos rodeia do que pela imaginação. Quando nos atemos ao presente, a consciência é divina". Daí a insistência dos mestres espirituais em viver o presente, em observar o que nos rodeia, em ser conscientes do que acontece no nosso meio, em viver apenas a experiência cotidiana no aqui e agora, porque é um dos caminhos que potencia nossa consciência e a torna divina.

"A realidade não muda, mas sua percepção da realidade muda à medida que a consciência muda."

John White, *Qué es la iluminación*

Como destaca John White, a realidade não muda, mas há muitas possibilidades de se ver essa realidade. Se nossa consciência muda, a realidade que vemos já é diferente. E isso é o que os ensinamentos espirituais pretendem: que percebamos que só vemos uma parte da realidade, mas que, se evoluirmos, se nossa consciência crescer, captaremos essa realidade de uma forma distinta.

"Nós não experimentamos realmente o mundo externo, só captamos uma porção muito refinada dele."

Robert Ornstein

Por outro lado, quando recordamos e somos conscientes, quando vivemos com atenção e estamos no presente, libertamo-nos da "lei do acidente" mencionada por Gurdjieff, ou o que os outros chamaram de "os caprichos do destino". Nós nos libertamos desses acontecimentos porque nos damos conta do que está ocorrendo, então podemos decidir aceitar o que acontece ou tratar de transformá-lo. Ou seja, se vivemos o presente, somos conscientes do que realizamos, das decisões que tomamos; não agimos como máquinas, podemos ponderar os acontecimentos e nos libertar de muitos acidentes e decisões equivocadas.

A relatividade de medir o tempo

Podemos dividir o dia em horas, minutos e segundos, mas é apenas uma forma astronômica para administrar esse espaço entre o dia e a noite. Uma fórmula que depende do planeta em que estivermos localizados e da velocidade com que ele gire. Em outros planetas, esse espaço relativo de tempo seria distinto, inclusive pode haver o caso em que seja irregular.

> *Que engraçado! Os dias aqui duram um minuto!*
> *Um dia eu vi o sol se pôr quarenta e três vezes.*
> Antoine de Saint-Exupéry, *O Pequeno Príncipe*

Existe uma série de acontecimentos na vida das pessoas nos quais o tempo rompe todas as suas barreiras. Um desses momentos é durante a meditação, razão pela qual todos os mestres espirituais recomendam essa experiência interior e transcendente. É certo que no transcurso da meditação o tempo cronológico exterior segue seu ritmo, mas, no cérebro, não acontece o mesmo. Em algumas ocasiões, durante as meditações avançadas, é como se o tempo se tornasse eterno. O sujeito deixa de ter uma percepção do tempo para submergir em um presente eterno que gratifica seu cérebro sem nenhuma noção materialista nem cronológica. É como se tivéssemos meditado durante dez minutos quando, na realidade, permanecemos horas naquele estado de bem-estar. São instantes nos quais se alcança a vacuidade e nenhum objeto aparece na consciência. Experimenta-se uma sensação de liberdade e de não estar preso a nada do que nos rodeia, nem mesmo ao tempo. O meditador se encontra em um espaço aberto, uma vacuidade. São instantes nos quais não somos nada do que possamos ver ou nos prender. Não há esforço nem tempo. Na meditação, chega um instante em que o tempo desaparece, só é medido fora de si mesmo, no interior da mente já não flui, vive-se um eterno presente.

A experiência da meditação é capaz de romper as barreiras do espaço e do tempo. Mas também ocorre o mesmo quando sofremos um contratempo grave e, por um momento, como uma luz ou um lampejo, vemos o filme de nossa vida. Trata-se de uma experiência que só acontece quando estamos muito próximos da morte. Nesse instante, vemos o filme de nossa vida, nossa infância, nossa adolescência, nossa idade adulta, um monte de imagens que atravessam nosso cérebro em "instantes". Se, após o acontecimento de perigo, que pode ter transcorrido em segundos, reconsiderarmos e tratarmos de recordar tudo o que vimos nesse filme cujo principal protagonista somos nós, perceberemos que, para recordar todas aquelas imagens, necessitamos muito mais tempo do que o transcorrido no momento em que sofremos o contratempo e a experiência do "filme" mental. Nós nos daremos conta de que repensar em tudo o que vimos requer horas; no entanto, naquele instante transcorreu como um relâmpago, rompendo as barreiras do tempo dentro de uma mente quântica.

Upanishads e mente quântica

"O processo de sonhar, que permite romper as barreiras do espaço e do tempo, é muito mais sofisticado e complexo do que o processo de pensar."

Eduard Punset

Sonhar é outro acontecimento no qual as barreiras do tempo são rompidas. Um sonho que nos pareceu algo que durou toda a noite transcorreu por apenas alguns escassos minutos ou segundos. Em algumas ocasiões, dizemos que durante a noite toda sofremos um pesadelo imenso, mas na realidade só aconteceu em um momento de nosso sono REM. No entanto, o sonho não é apenas uma questão de tempo, mas também é capaz de nos trazer de volta pessoas que já faleceram, fatos repetitivos, encontros inesperados. Por outro lado, o sonho contém uma qualidade que foi ridicularizada e mal estudada: a premonição.

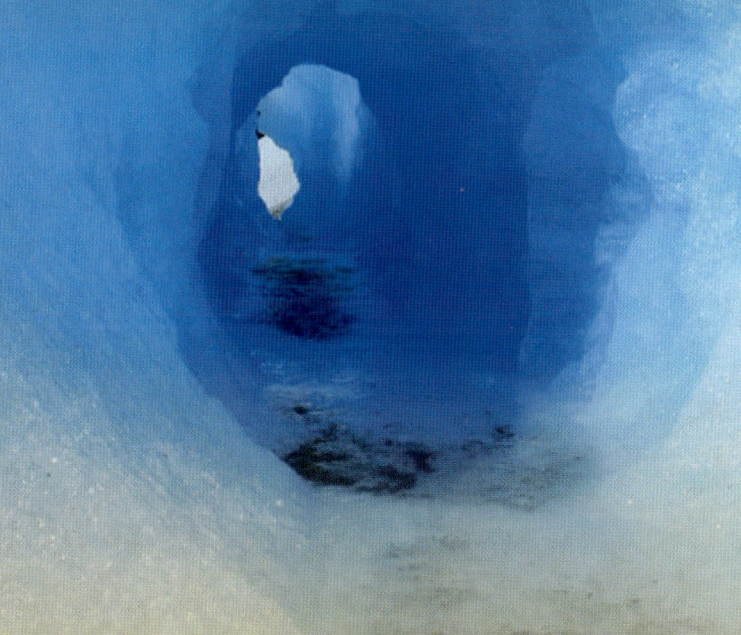

Na realidade, foram muitas as pessoas que viram acontecimentos do futuro em seus sonhos, ou seja, que tiveram premonições. São muitos casos para não dar importância a eles. Para os especialistas nesse assunto, trata-se de uma situação onírica na qual as barreiras do espaço-tempo são rompidas, e se tem acesso a visões do futuro.

Existem muitos casos documentados e, segundo meu critério, mal estudados ou mal interpretados, mas estão aí.

"Sou simplesmente o que sou... vivo no presente."

Henry D. Thoreau

Osho e os mestres espirituais dão uma grande importância ao mundo onírico, já que consideram que é uma forma de se comunicar com o além, com outras realidades, com outros universos ou com os deuses. Sua sabedoria é um fundamento filosófico terrivelmente compatível com as novas teorias científicas. Os *Upanishads* nos narram conceitos e filosofias que são de plena atualidade; além disso, muitos cientistas descobriram, com surpresa, que muitas de suas teorias já estavam intuídas ou anunciadas naquelas páginas. Destacam que a vigília é um estado de conhecimento exterior, e o sonho, com seus devaneios, um estado de conhecimento interior. Na realidade, esses textos não estão muito distantes da concepção que a física quântica tem da realidade. Somos partículas, somos formados de estruturas subatômicas que estão em comunicação com outras partículas que formam o Universo; portanto, fazemos parte dessa dinâmica auto-organizadora do Universo que identificamos como a mente cósmica. Sabemos que nosso cérebro funciona por processos quânticos; além disso, a atividade elétrica dos microtúbulos que se encontram no interior dos dendritos e dos neurônios cerebrais se converte, para alguns pesquisadores, no verdadeiro núcleo da consciência.

A relatividade do espaço-tempo é coisa de nosso cérebro, onde uma seção do córtex, tomada por acaso, contém da ordem de 600 milhões de sinapses por milímetro cúbico. Haveria da ordem de 10 elevado a 14 ou 15 sinapses no córtice cerebral. Se fossem contados mil por segundo, demoraríamos entre 3 mil e 30 mil anos para enumerar todos.

> "Desperdiçaríamos nossa energia por causa de conflito, rixas, medo e vaidade."
>
> **Krishnamurti**

Nosso cérebro é capaz de empenhar uma grande energia que ainda desconhecemos. Em meu livro *Somos energía*,[7] destaco amplamente essa capacidade e as múltiplas formas de como a perdemos e a desaproveitamos. Inclusive destruímos parte de nossos neurônios com hábitos insanos e má alimentação. A menor e mais insignificante parte de nosso cérebro contém uma valiosa informação, como ocorre em outros animais e insetos. Saibam que o cérebro

---
7. Ediciones Robinbook, 2009.

de uma borboleta-monarca é uma manchinha de tecido nervoso de apenas alguns milímetros de comprimento, aproximadamente um milhão de vezes menor do que o cérebro humano. No entanto, com esse acúmulo microscópico de células nervosas, a borboleta sabe utilizar suas patas e asas, caminhar, voar e encontrar o caminho mediante formas desconhecidas de navegação por milhares de quilômetros. Imaginemos o que o nosso cérebro é capaz de fazer e desperdiçamos.

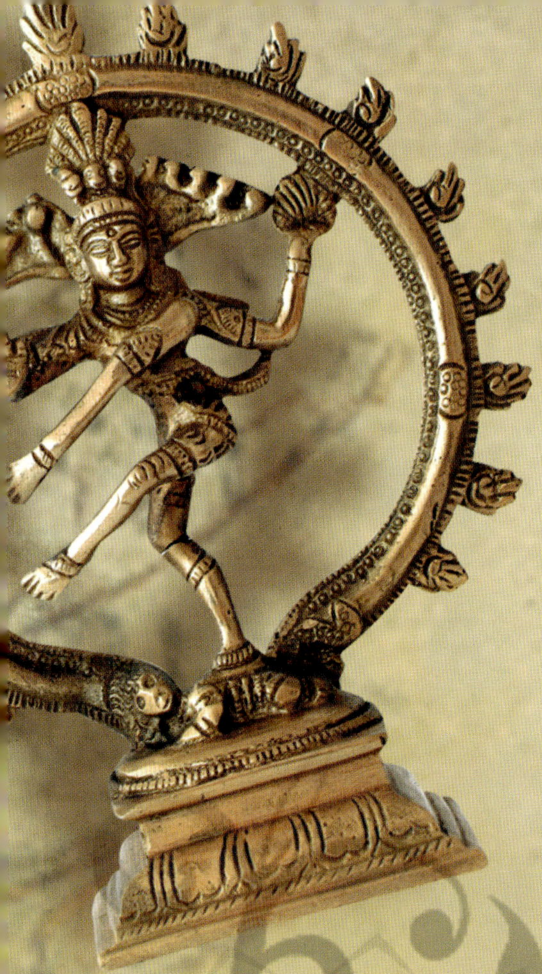

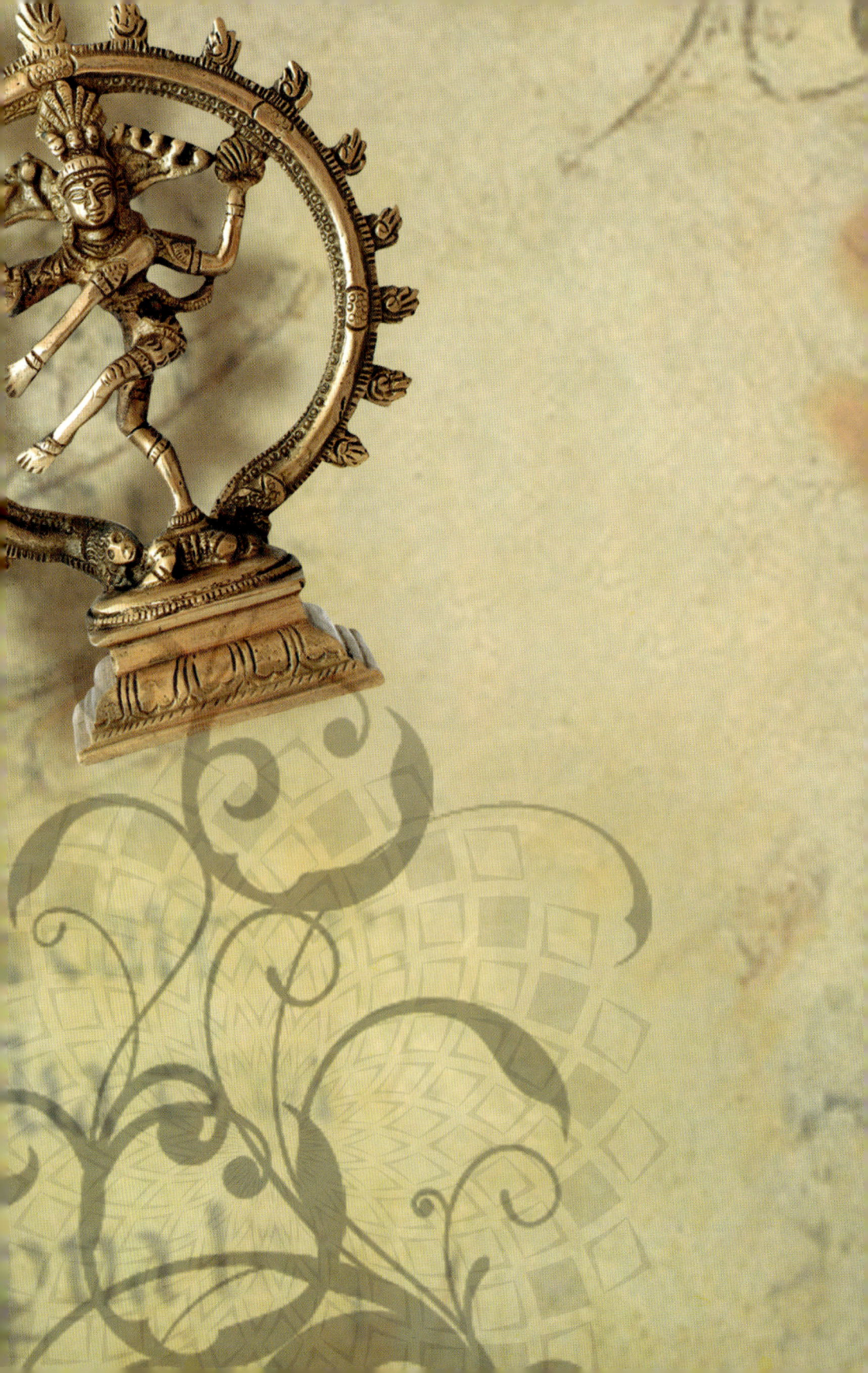

9.
O sexo segundo Osho

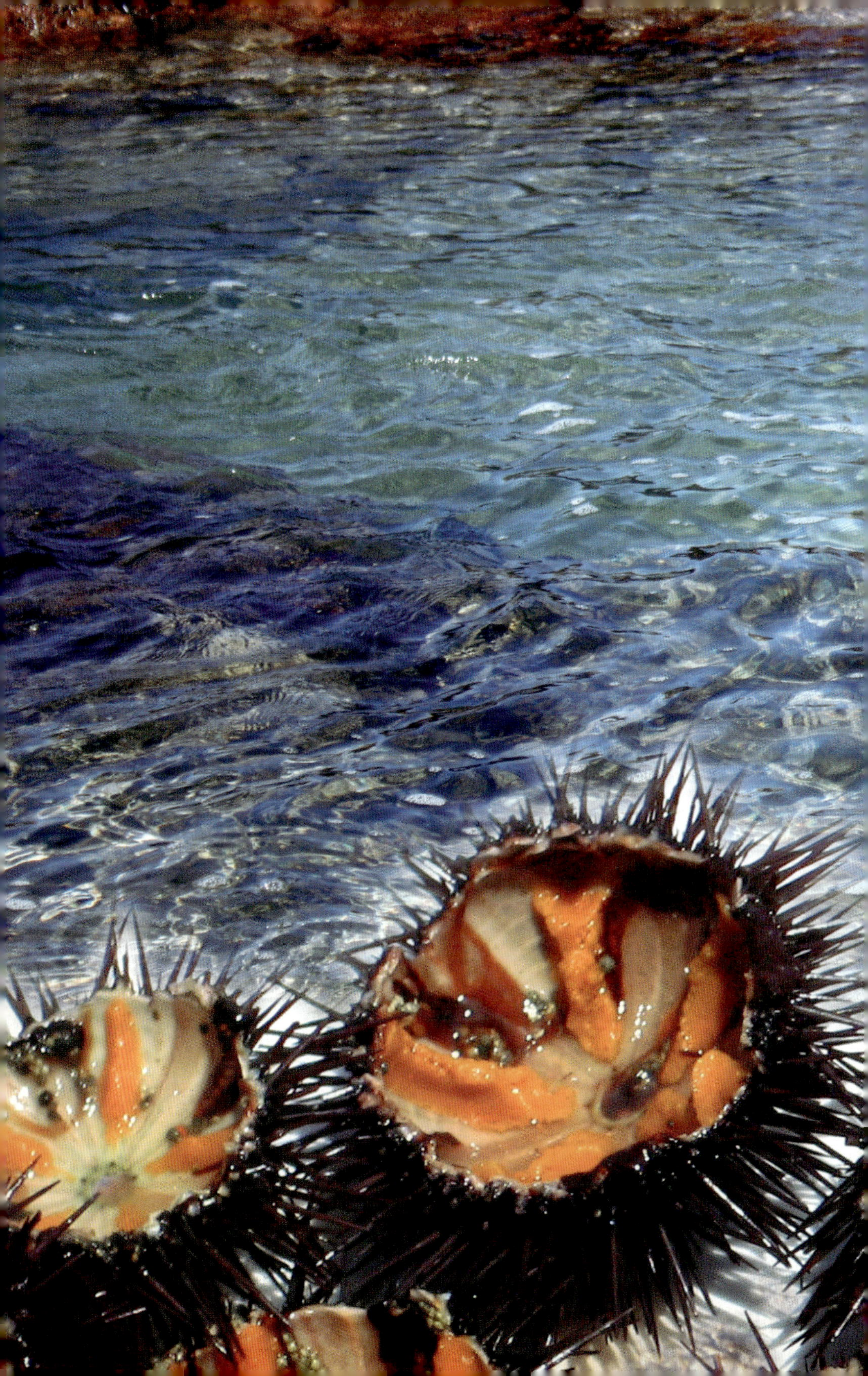

Osho e sua visão do amor e do sexo

Neste capítulo, abordaremos o tema do amor e do sexo segundo a visão de Osho, uma visão tântrica de algo que muitas religiões e sistemas de vida consideram pecaminoso, sujo ou que deve ser escondido. O sexo é, embora muitos o queiram negar, o motor da vida. Se existimos é graças ao sexo e, se temos descendência, também é porque praticamos sexo.

> "Em nada como no sexo nos parecemos tanto aos animais, porque em nenhuma outra coisa somos tão naturais."
>
> **Osho**

No Ocidente, uma parte importante dos traumas, bloqueios, angústias, tensões, depressões, fobias e medos são devidos ao sexo. O cristianismo, especialmente, contribuiu muito para criar esse quadro psicopatológico com sua repressão sexual e o sentido do pecado. A Igreja cristã sempre foi contra o prazer sexual e a livre expressão emocional de seu desenvolvimento. Sua repressão foi máxima no concílio de Trento, em que foram proibidas pela primeira vez as práticas pré-matrimoniais, e o ato sexual foi reservado à estrita fecundidade.

> "A pornografia é um derivado da repressão religiosa, é mérito dos sacerdotes."
>
> Osho

Não entraremos em todos esses traumas criados ao longo da história pela Igreja cristã, para a qual o sexo é ainda uma disciplina pendente da psicologia profunda; até mesmo o matrimônio pode chegar a ser pecaminoso em suas práticas – como dizia São Bernardino, "de cada mil matrimônios, 999 pertencem ao diabo".

Sem dúvida, foi a Índia, berço dos mestres espirituais como Osho, que trouxe um importante avanço para o sexo e para a desinibição das emoções. No século II, aparece o *Kama Sutra*, que traz práticas e posições dignas de ágeis faquires. O pênis ereto é venerado e os templos são adornados com estátuas eróticas sem que o pudor afete a ninguém, com exceção das damas inglesas que chegaram a essa península anos mais tarde, com os colonizadores britânicos. A religião tântrica, pregada por Osho, cultiva a voluptuosidade sexual, é considera um meio de libertação. Contrariamente ao cristianismo, o tantrismo liberta o ego, os traumas, os bloqueios, busca o eu interior e o crescimento pessoal por meio das mais variadas técnicas. O casal trata de alcançar a divindade por meio do sexo.

> "... a energia sexual transformada e sublimada é o nódulo do sentimento religioso."
>
> Osho

Se o sexo é sagrado na Índia, não o é menos no taoísmo, para o qual o amor é uma aliança entre o *yin*, a força passiva do sexo feminino, e o *yang*, a força ativa e explosiva do esperma. Aqui, o *yang* se conterá ao máximo, o coito deve durar o maior tempo possível, e a mulher esperará esse orgasmo que dá ao seu *yin* uma qualidade superior. Estamos diante de uma nova e tremenda visão do sexo, não há posse, não há uma ejaculação egoísta, há domínio do corpo e da mente, atenção ao que se está praticando, "consciência sexual"; os instintos animais foram superados em busca de um objetivo superior. Estamos diante de uma visão diferente desse desolador ato sexual ocidental, no qual o homem busca o prazer rápido e uma ejaculação vergonhosa, no qual "meter" expressa todo esse degradante conceito do ato sexual.

O taoísmo ensina as mais profundas técnicas de contenção sexual. Assim, o Mestre Tung-shan, século VII, explica-nos como, no último momento, o homem deve fechar os olhos e concentrar-se em seus pensamentos, como apertará sua língua contra o céu da boca, curvará as costas e alongará o pescoço, abrirá suas narinas, endireitará as costas, fechará a boca e inspirará profundamente pelo nariz. Assim não ejaculará e o esperma voltará ao seu interior. Se tiver dificuldades, pode exercer uma pressão firme entre os testículos e o ânus, utilizando o dedo do meio e o indicador da mão esquerda; ao mesmo tempo, respirará profundamente, fazendo seus dentes rangerem sem reter sua respiração.

O sexo e o pensamento de Osho

Para esse mestre, o sexo com meditação transforma o ser humano até o ponto de assegurar que, se unirmos sexo e meditação, seremos capazes de reproduzir a nós mesmos.

O sexo é, para Osho, uma energia potentíssima, mais potente do que muitas das energias que conhecemos. Pode-se dizer que o sexo é a energia da vida.

> "A energia sexual dos seres humanos é uma energia ainda maior do que a eletricidade."
>
> Osho

Com a experiência do sexo, podemos chegar à profundidade do ser, pois com o orgasmo o ego se desvanece e o eu se anula. Trata-se de um momento no qual o tempo deixa de existir durante alguns instantes. É um estado modificado de consciência no qual se está além do tempo. Algo parecido com a iluminação. No entanto, vimos como as religiões lutam contra o sexo, como se temessem que por meio dele se alcançasse a iluminação. As religiões, condicionando-nos e assustando-nos, ensinaram-nos a reprimir o sexo, a lutar contra o sexo. Para Osho, dessa luta das religiões contra o sexo derivaram muitas perversões.

> "O cristianismo deu veneno a Eros. Eros não morreu, mas tem se degenerado em vício."
>
> F. Nietzsche, *Assim falou Zaratustra*

Segundo Osho, as religiões opõem-se ao sexo porque é a única maneira de fazer as pessoas se sentirem culpadas, de reduzi-las ao estado de pecadoras, de que se sintam culpadas e tenham medo. As religiões exploram o medo da morte e o medo do pecado sexual. Elas opõem-se ao sexo porque o sexo gera energia. Uma energia que, como mencionamos antes, é terrivelmente poderosa.

O egoísmo como inimigo do amor e do sexo

O caminho do sexo começa pelo amor e é preciso aceitar o amor tal e qual ele é, com naturalidade, vivendo sua plenitude. Osho nos chama a atenção diante do problema do amor e do ego, destacando que o "eu" interior nos incapacita para nos fundir com a outra pessoa, pois faz parte do egoísmo consigo mesmo, e uma pessoa egoísta dificilmente pode chegar a amar a outra. Quando muito, pretenderá dominá-la, mas o domínio não é amor. O egoísmo é o principal inimigo do amor e do sexo pelo fato de que nos leva a pensar apenas em nós mesmos, no que nós queremos, em nosso bem-estar e em nosso prazer. O egoísmo não considera o outro como parte de nós; na realidade, o que faz é nos distanciar do outro. Como diz Osho, os corpos se aproximam, mas as pessoas continuam estando distantes.

É a sensação do eu a que dissolve a sensação do outro. O amor é apenas um, é unidade do todo. A outra pessoa também é você e o eu deixa de existir.

"Por meio do sexo experimenta-se a ausência do ego e do pensamento."

Osho

Osho destaca que o amor faz parte do sexo; na realidade, ele não faz uma diferenciação substancial entre amor e sexo, já que para esse mestre tudo o que é bom, belo e autêntico só pode ser experimentado e, consequentemente, o sexo é algo que só pode ser experimentado.

Osho lamenta que se veja mais amor entre animais e plantas do que entre seres humanos, e ressalta sobre esse aspecto que tanto os animais quanto as plantas são seres que não têm religião nem cultura, dois aspectos que contribuíram para neutralizar o amor e o sexo.

A falta de amor é devida a muitas causas, mas, como já mencionamos, a principal causa é o egoísmo. Outra das circunstâncias da falta de amor é que o buscamos no exterior, quando é preciso buscar o amor no interior, em nossa natureza mais intrínseca. Portanto, o amor se converte em uma disciplina que não é aprendida, não é preciso ser ensinada, brota de nosso interior. No entanto, às vezes não se manifesta.

Os mestres espirituais nos estimulam a buscar as causas pelas quais o amor não se manifesta em nós. E destacam que se devem às barreiras que lhe impomos, algumas vezes por condicionamentos sociais e outras, por nosso egoísmo ou medo.

O egoísmo é, sem dúvida, a barreira mais importante, já que significa entregar uma parte importante de nossos sentimentos a outra pessoa. Também temos medo de que o amor nos amoleça e que isso signifique certa debilidade de nosso "eu" interior. O medo de perder nossa liberdade e vulnerabilidade é outra causa importante. Na realidade, a cultura e a religião sempre estiveram contra o amor e o sexo e, quando apoiaram o amor, foi sempre de uma forma puritana muito distante da cultura do tantrismo.

O amor, à margem de ser raiz de vida, é uma energia sexual transformadora, mas as religiões e as culturas nos opuseram a essa energia, inclusive nos incitaram a negá-la.

"Se a paixão se transforma, a esposa pode se converter em mãe; se a luxúria se transforma, o sexo pode se converter em amor."

Osho

Como abordar o sexo

Como qualquer aspecto da vida, o sexo requer uma série de passos para poder ser abordado como a realidade que é: algo sagrado.

O sexo é como se aproximar de um santuário, não é algo que se deva tomar superficialmente, é um processo sagrado, é um estado que requer pureza, harmonia, sinceridade e respeito.

O sexo não é algo de uma só pessoa; portanto, é preciso considerar o outro componente, esvaziar-se de egoísmos e buscar o verdadeiro amor em nosso interior.

Segundo Osho, a experiência sexual nos aproxima do Criador, pois nesses instantes sagrados somos doadores de vida.

Sem dúvida, o sexo não é algo que devamos abordar com ódio, hostilidade ou visão condenatória. Essas circunstâncias são as que fazem crescer uma barreira com o divino. Se nos aproximamos do sexo com irritação, o sexo se converte em irritação.

> "Quem se introduz nas profundidades do sexo chega a sentir que um momento de fusão não tem limites."
>
> Osho

Todos os mestres espirituais insistem que devemos abordá-lo como algo sagrado, divino. Osho, as técnicas tântricas e a própria Kundalini destacam que é preciso abordar o sexo do mesmo modo que nos aproximamos de um santuário. Sem ódio nem hostilidades, sem tristeza nem mau humor, mas com alegria; pois, se criarmos barreiras, jamais experimentaremos o divino que há no sexo. Por essa razão, é preciso considerar o parceiro ou a parceira como um deus ou uma deusa. Como destacam as técnicas transpessoais, é preciso praticar o sexo convertendo-se em testemunha, percebendo, não se deixando levar como um animal. E é preciso ter em conta que, quando o sexo é tântrico, existe transmutação, mas isso só acontece quando somos testemunhas. Por isso Osho insiste na prática do sexo tântrico.

O Tantra como sexo sagrado

O Tantra é considerado o sexo sagrado. Na prática de sexo tântrico são utilizados todos os sentidos, a mente e o espírito. Também se recorre a ritos e técnicas para fomentar o hábito de uma espiritualidade oculta. A unidade é a base de tudo.

O Tantra é um caminho espiritual heterodoxo e eclético porque participa das demais crenças, ultrapassando-as. O hinduísmo tântrico não é uma religião, não é uma Igreja, uma instituição e não se confunde com a moralidade. Assim, não há discussões filosóficas, busca-se apenas a libertação, o despertar, o encontro com a consciência de Shiva, e esse encontro só tem um caminho: a experiência.

"Existem duas vias para alcançar a consciência: o sexo e a meditação."

Osho

O Tantra sustenta que o corpo humano é composto por canais (*nadis*) que formam uma malha. Os principais são Ida, Pingala e Sushumna, que percorrem a espinha dorsal, formando duas serpentes entrelaçadas sobre uma linha horizontal que desemboca no alto da cabeça. Por outro lado, pelos *nadis* circula o *prana*, a energia cósmica.

O Pancha Tattva e a cerimônia tântrica por excelência

Esse rito bengali é dividido em cinco partes: Mudra (cereais), Matsya (pescado), Mansa (carne), Madya (vinho) e Maithuna (ato sexual).

No Maithuna, as polaridades energéticas do casal se fundem e a Kundalini (também chamada Parameshwari) ascende por meio do canal central próximo à coluna vertebral (sushumna), atravessando os chacras até desembocar no alto da cabeça, onde se dissolve na eternidade do sem tempo e espaço e se integra em uma nova realidade.

Esse rito bengali merece ser conhecido por seu caráter sexual, motivo pelo qual acrescentaremos uma breve explicação de sua prática.

* Para sua prática, deve-se escolher um parceiro ou uma parceira a quem se admire, alguém a quem respeitemos e com o qual tenhamos harmonia. Trata-se de um rito que não requer escuridão total, mas o lugar deve ser agradável e confortável. Será iluminado com duas velas e perfumado com um incenso.

* Os bengaleses depositam junto ao leito uma bandeja com alimentos recém-cozidos, assim como água fresca e algum tipo de vinho.

* O casal deve tomar banho antes do encontro; podem fazê-lo separados ou juntos.

* Após o banho, eles se darão mutuamente uma massagem perfumada, em especial na nuca, nos braços, no peito, no ventre, nas coxas e nos pés. Serão evitadas as zonas erógenas com o perfume.

* A mulher colocará um tecido vermelho a seu redor.

* Ambos iniciarão um exercício respiratório, sentados um de frente para o outro no leito.

* Durante esse exercício, eles se concentrarão mentalmente no centro do sexo, localizado entre o ânus e os genitais, onde mora a Kundalini.

* Iniciarão os primeiros toques entre eles, suaves e carinhosos.
* Se desejarem, podem comer ou beber algo durante essas primeiras considerações.
* Durante a bebida, são mencionados os nomes de Shiva e Parvati. Medita-se novamente pensando na Kundalini com o desejo de experimentá-la. Em seguida, o homem despe a mulher dizendo-lhe: "Você é quem desperta o conhecimento puro e a encarnação de todas as satisfações".
* O homem percorrerá todo o corpo de sua companheira com as pontas de seus dedos.
* Tocará seus mamilos duas vezes, fazendo um movimento circular ao redor deles. Depois, acariciará suas partes genitais.
* Pode, se desejar, separar os lábios da vulva e fazer uso de sua língua para incrementar a força do despertar.
* A seguir, o homem marcará o corpo da mulher com pó de kumkum. Usará três dedos de cada mão para traçar linhas paralelas.

- Agora, a mulher seguirá o mesmo procedimento com o homem e percorrerá suas partes mais sensíveis com seus lábios, especialmente a glande.
- Em seguida, ambos se estenderão de lado no leito e respirarão profundamente, juntando os ritmos de respiração.
- A mulher se colocará em cima do homem, com mãos e dedos entrelaçados e as faces juntas.
- O homem introduzirá seu *lingam* (pênis) na *yoni* (vagina) dela, de modo que tenha início a sagrada e divina união sexual.

"Quando a adormecida deusa Kundalini se desperta mediante a graça do mestre, todos os lótus sutis e as ataduras mundanas são transpassados ao mesmo tempo."

Shiva Samhita

Lembremos que para a prática desse rito o casal precisa se purificar, o sexo deve se converter em um ato meditativo e criativo, sendo vivido sem paixão. O sexo deve ir além do prazer e converter-se em um ato sagrado. O homem verá a mulher como uma deusa e esta verá o homem como um ser divino.

Por fim, cabe destacar que os ritos tântricos produzem os seguintes efeitos: uma experiência mística intensa; uma experiência sexual profunda; a união do indivíduo com o Ser Supremo e o Cosmos.

"Nossa energia vital tem apenas uma saída, a animal, e essa saída é o sexo."

Osho

Algo mais sobre a Kundalini

Em inumeráveis conversas ouvimos falar da Kundalini, são muitos os que se referem a essa palavra dando-lhe uma conotação sexual, possivelmente porque ouviram que se trata de uma força que está localizada próxima ao chacra básico e consideram que, quando se fala de despertar a Kundalini, está se falando de despertar o sexo. Mas, na realidade, está se falando de despertar um poder espiritual que dorme enrolado em todos os seres e que confere a libertação e o conhecimento. A relação que existe com a sexualidade é devido à existência de práticas tântricas sexuais que estão destinadas a libertar a Kundalini no momento do ato sexual.

A Kundalini é uma grande força espiritual que jaz recolhida na base da coluna vertebral. Sob certas condições, pode-se conseguir que essa força desperte e se irradie até o cérebro. Não é uma experiência grata para aquele que a experimenta pela primeira vez, já que não se sabe concretamente o que está acontecendo e, de modo geral, é como se "algo" de grande força subisse desde a base da coluna vertebral pela parte central do nosso corpo abrindo, de forma violenta, todos os chacras até chegar à parte superior de nosso crânio, por onde parece querer escapar. Se o consegue, segundo os psicólogos transpessoais, o sujeito entra em um estado modificado de consciência; segundo os mestres da Índia, estabelece contato com o Cosmos e alcança uma iluminação espiritual.

"Quando você consegue despertar a Kundalini de forma tal que ela comece a se movimentar por si só, necessariamente se dá origem a um mundo totalmente diferente ao nosso. É um mundo de eternidade."

Carl Jung, *Comentarios Psicológicos acerca del Yoga Kundalini*

A Kundalini é a experiência meditativa culminante da Hatha Yoga, já que por meio dessa meditação se desperta e se faz ascender através dos chacras o poder divino que jaz dormindo em todos os seres. Segundo a tradição hindu, a força básica passiva masculina, Shiva, reside no sétimo chacra, localizado no alto da cabeça. O poder feminino, ativo, dorme enroscado na base da medula espinhal, junto ao primeiro chacra. Como já mencionei, é um poder espiritual que, quando se desperta, ascende em forma de espiral, levando à união do estado supremo de consciência e de iluminação espiritual.

Os chacras: pontos para meditações específicas

A Kundalini se move por um canal que, segundo o hinduísmo, só tem sua contrapartida no corpo astral. Um deslocamento pelos sete corpos psíquicos ou chacras que correspondem aos plexos nervosos e à medula espinhal.

Segundo a tradição hindu, cada um dos chacras tem uma interpretação muito ampla. O leitor, se quiser, pode meditar em um chacra concreto que acredite ter adormecido ou bloqueado. Para isso, oferecemos a seguir uma breve e simples meditação.

Muladhara, chacra localizado no extremo inferior da medula espinhal, corresponde ao plexo sacral. É representado por uma mandala de quatro pétalas, sua cor é carmim e os mantras associados para sua vibração de sons são: *lam, vam, sam, sham*. A tradição hindu destaca que a meditação nesse chacra facilita o controle da mente e da respiração e revela os segredos do passado, presente e futuro.

Svadhisthana, localizado na região dos órgãos genitais, corresponde ao plexo básico. É representado por uma mandala de seis pétalas de cor vermelho-vivo, com o som dos mantras: *vam bam, bham, mam, iam, ram* e *lam*. A meditação está relacionada com o elemento água, a intuição e a eliminação de impurezas.

Manipura, localizado no umbigo, corresponde ao plexo solar. É representado por uma mandala de dez pétalas, sua cor dominante é verde-escuro e seus mantras são: *ram dham, nam, tam* e *pam*. Trata-se de um chacra específico para uma meditação que queira nos livrar do medo do fogo e das doenças.

Anahata, no coração, corresponde ao plexo cardíaco. É representado por uma mandala de doze pétalas de cor vermelha profunda e mantras como: *yam, nham, gam, nam*, etc. A meditação é indicada para despertar qualidades puras, amor e até mesmo poderes psíquicos.

Vishuddha, na garganta, corresponde ao plexo laríngeo. É representado por uma mandala de dezesseis pétalas, com predomínio da cor lilás e mantras como: *ham am, im, um, rm, lm, em, aim, aum*. A meditação confere um grande conhecimento na tradição hindu, o conhecimento dos quatro Vedas.

Ajna, no espaço entre as sobrancelhas, corresponde ao plexo frontal. Com o predomínio da cor azul, é representado por duas pétalas e o mantra *Om*. A meditação nesse mantra destrói o carma de todas as vidas passadas e traz o conhecimento intuitivo. É um dos chacras nos quais os yogues concentram seu *prana* conscientemente no momento da morte.

Sahasrara, no alto da cabeça, corresponde à glândula pineal. Estamos diante de um centro sutil representado por mil pétalas, inteiramente dominado pela cor dourada. Está localizado exatamente na denominada fontanela, que os yogues chamam de portão de Brahman, e por onde se escapará o *prana*. Trata-se de um ponto de superconsciência.

Meditação para despertar a Kundalini

A meditação para despertar a Kundalini é uma das meditações mais complexas e difíceis de desenvolver. Na realidade, não se trata de uma meditação específica, já que existem inumeráveis técnicas para desenvolvê-la. Trataremos de oferecer o compêndio mais simples possível para o leitor tentar essa experiência sem nenhum perigo nem esforço exagerado de memorização. Cabe destacar que também será uma experiência na qual o meditador terá de trabalhar com as sensações de seu corpo, e estar aberto a sentir-se profundamente.

Vale a pena o esforço para adquirir um novo estado de bem-estar e lucidez interior. Jung assinala que, após a experiência do despertar da Kundalini, ela continua sendo um elemento permanente na própria vida, e que o alcançado nunca é perdido, deixando algo do ocorrido no inconsciente.

* Iniciamos a meditação na postura do lótus. As costas perfeitamente erguidas e os olhos fechados, concentrados na respiração.

* Realizamos a trajetória pelos chacras percorrendo mentalmente a medula espinhal, de baixo para cima, de chacra em chacra.

* Realizamos o exercício com a consciência o mais receptiva possível, já que devemos perceber as vibrações que os chacras nos produzirão.

* Lembramos que a Kundalini deve ascender de chacra em chacra.

* Se por qualquer circunstância desejarmos que desça depois de ter alcançado um determinado chacra, deveremos elevá-la de novo, tudo isso com paciência e concentração.

* Visualizaremos os chacras em forma de flor de lótus, recordando quantas são as pétalas e qual a cor predominante em cada um deles, assim como sua localização.

* Quando a Kundalini desperta, sente-se um efeito brusco, como uma combustão repentina em um espaço fechado.

* Agora entraremos no exercício prático, concentrando a atenção meditativa no chacra Muladhara, no extremo inferior da medula espinhal, entre o ânus e os genitais. Nesse ponto concreto, visualizaremos uma flor de lótus de quatro pétalas de cor carmim. Ao mesmo tempo, repete-se o mantra *Lam*. Como efeitos, é possível escutar um chiado de grilo.

* Se tivermos a segurança de ter ativado o chacra anterior, passamos ao seguinte, concentrando a atenção no chacra Svadhisthana, na região dos órgãos genitais, que corresponde ao plexo básico. Nesse ponto, será visualizada uma flor de lótus de seis pétalas de cor laranja, ao mesmo tempo em que se repete o mantra *Vam*. Diz-se que, quando a Kundalini cruza o chacra Svadhisthana, escuta-se o tilintar de uma pulseira.

* Passaremos ao chacra seguinte, Manipura, localizado no umbigo e correspondente ao plexo solar. Visualizaremos uma flor de lótus de dez pétalas de cor verde-escura enquanto repetimos o mantra *Ram*. A chegada da Kundalini a esse chacra é caracterizada pelo som de um sino.

* Agora estamos no Anahata, o coração, correspondente ao plexo cardíaco. Nesse ponto visualizaremos uma flor de lótus de doze pétalas, de cor vermelha, ao mesmo tempo em que repetimos o mantra *Yam*. Quando a Kundalini chega ao chacra Anahata, escuta-se a música de uma flauta.

* Antes de passar ao chacra seguinte, insistirei que os sons são relativos, cada pessoa pode escutar determinados sons que não precisam ser necessariamente os mencionados. O importante são as sensações, sentir que a Kundalini chegou a esse chacra, sentir uma vibração específica no lugar.

* Passando ao chacra Vishuddha, situado na garganta e correspondente ao plexo laríngeo, visualizaremos uma flor de lótus de dezesseis pétalas de cor lilás, enquanto repetimos o mantra *Ham*. A chegada da Kundalini a esse chacra é caracterizada por um som cósmico, um rangido profundo.

* Agora nos concentraremos no Ajna, localizado no espaço entre as sobrancelhas. Nesse chacra, visualizaremos uma flor de lótus de duas pétalas de cor azulada enquanto repetimos, tal e qual aprendemos no capítulo 11, o mantra *Om*.

* Para finalizar, a Kundalini chega ao alto da cabeça, ao chacra Sahasrara, que corresponde à glândula pineal. Nesse chacra visualizaremos uma flor de lótus de mil pétalas de cor dourada.

Alguns efeitos que acontecem no despertar da Kundalini

Finalmente, destacaremos toda uma série de possíveis efeitos que podem aparecer durante o exercício, especialmente quando sua execução é correta e estamos chegando aos últimos chacras. Trata-se de uma série de sensações que podem aparecer e com as quais não devemos nos assustar.

* Em algumas ocasiões, sente-se um formigamento na medula espinhal, uma coceira que percorre todo o corpo. Em outras ocasiões, pode se produzir vontade de rir ou chorar. Quando a meditação é realizada completamente com os olhos fechados, percebem-se formas como pontos luminosos ou figuras geométricas.

* Fisicamente, podemos notar como o ânus se contrai para o interior do corpo, o queixo se tenciona e se aperta contra o pescoço, os globos oculares podem girar e a respiração se reduz.

Em algumas ocasiões, nossas mãos podem chegar a mover-se ao ritmo de uma melodia interior.

* A mente se esvazia e surge a sensação ou experiência de ser testemunha de nosso corpo. Podemos chegar a nos ver a partir de fora e ter uma visão de nosso redor.

* Em algumas ocasiões, dá a impressão de que flutuamos, de que nos encontramos em um estado sem gravidade. Também pode-se ter a impressão de ter crescido ou encolhido.

* Também observaremos como favorecemos um conhecimento intuitivo não apreendido no exterior.

* Por fim, se a meditação foi correta, todo o nosso redor é radiação interna de luz brilhante e pura.

Esse exercício nos levará a uma nova força interior, limpa, radiante. Teremos rejuvenescido em energia e envelhecido em acumulação.

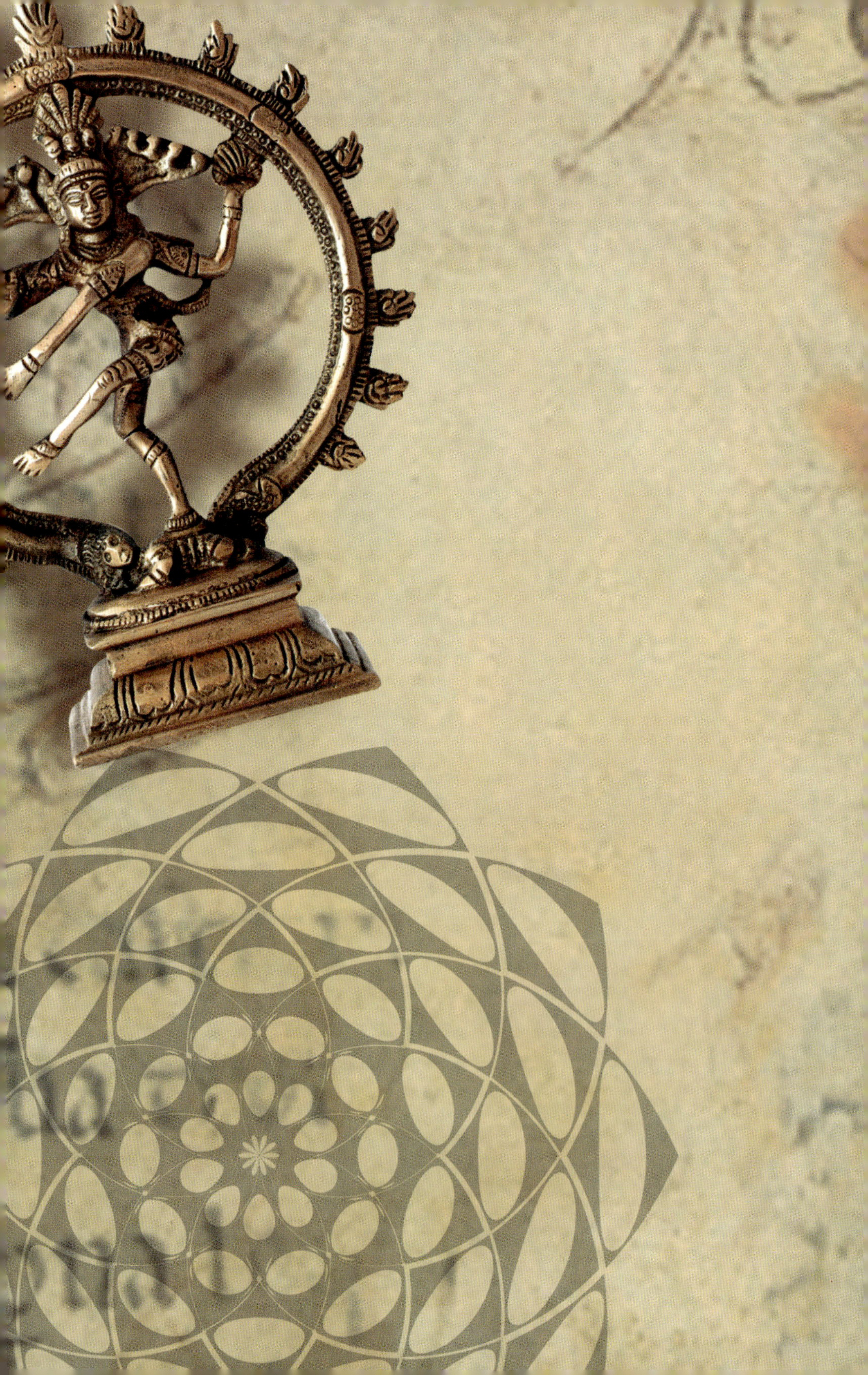

10.
O Zen e a meditação na escola de Osho

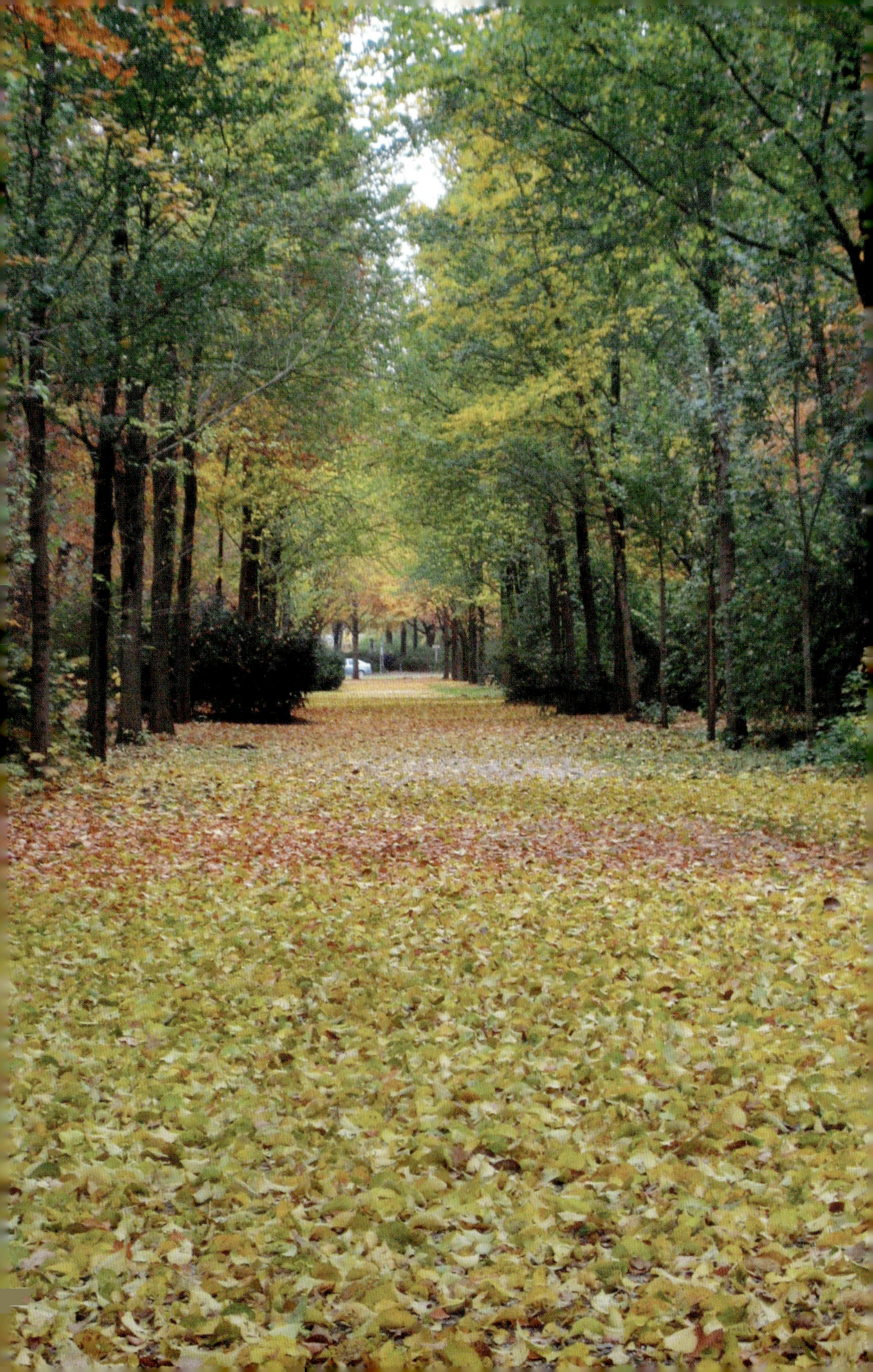

Iniciação Zen

Osho recomenda em seus livros a prática, a meditação e a filosofia do zen. A essa disciplina japonesa, Osho dedicou um de seus livros, *El sendero del Zen*, no qual fala do Zen como possível ponte para a reconciliação entre Oriente e Ocidente, já que essa disciplina é terrena e sobrenatural. Antes de abordar a meditação na disciplina do Zen, faremos um breve percurso sobre esse enfoque que desperta interesse especialmente no presente.

O Zen foi introduzido na atualidade na Europa e na América por meio de diversas escolas. No Japão, são bastante relevantes os ensinamentos de Dogen.

Digamos que inicialmente o Zen não é uma teologia, é uma religião cujo objetivo é o homem.

"Podemos ser religiosos sem um Deus."

Osho

Zen é uma abreviatura de *zenna*, tradução da palavra sânscrita *dhyana*, em chinês *tch'anna*, que significa "concentração mental", "meditação sem objetivo intelectual". O Zen nasce na Índia no século VI d.C. e chega ao Japão por meio da China e da Coreia, nos séculos XII e XIII de nossa era.

Devemos considerar o Zen um método, uma autodisciplina – embora seus adeptos o considerem uma religião –, porque não possui textos sagrados cujos termos tenham força de lei, nem regras fixas, nem dogmas rígidos. O Zen não se refere a nenhum salvador, a nenhum ser divino. O Zen é uma escola do budismo formada na China do encontro da doutrina mahayana com o taoísmo desenvolvido no Japão. Foi o mestre indiano Bodhidharma quem fundou o Zen na China no século VI d.C. No Japão, as práticas Zen datam do século VIII. No século XIII, Eisai e Dogen implantaram duas tradições distintas, o rinzai e o soto.

O Zen trabalha com a meditação sobre a indagação da psique. Para o Zen, o mundo não é pura ilusão, tampouco é uma realidade absoluta.

O objetivo do Zen é procurar um alto grau de conhecimento de si mesmo que termina na paz interior. O Zen é não conceitual, não intelectual, prega estar focado no presente, não estar nem no passado nem no futuro.

> "O milagre é que o Zen não se interessa pelo passado nem pelo futuro. O Zen vive o presente. Todo o seu ensinamento é baseado em estar enraizado, concentrado, no que... é."
>
> Osho

O Zen é o ser vazio, é buscar na natureza das coisas, mas sem nenhuma ideia, preconceito ou presunção, já que é preciso aliviar a mente daquilo que nos embutiram e que nos condicionou a ver o mundo de uma determinada forma, a pensar como pensamos e a criar uma série de valores e crenças que, na maioria dos casos, são falsas. Vejamos esquematicamente alguns conceitos do que é o Zen:

* Para o Zen, o mundo é uno, nada está separado.

* O Zen não impõe códigos, não diz faça isso ou aquilo.

* O Zen é silêncio, já que no momento em que nos penetramos no mundo das palavras começamos a nos desviar e a nos afastar da existência.

* O Zen é um enfoque não teórico da realidade.

* O Zen não tem doutrina nem dogma, não tem Igreja, sacerdote nem papa.

* O Zen tem apenas mestres cuja função é ensinar o discípulo a desaprender.

* O Zen não é uma desaprendizagem; ainda que ensine como se desfazer do que se aprendeu, ensina a estar aqui sem nenhuma mente.

* No Zen, não é preciso fazer nada, só precisamos ser.

* O Zen ensina a iluminação súbita.

"Se abrimos as mãos, podemos possuir tudo. Se estamos vazios, podemos conter o Universo inteiro."

Dito da escola Zen

Viver o aqui e agora

Para o Zen, chegar à verdade é viver a realidade. Hoje temos um saber sobre uma realidade, mas nos mantemos longe dessa realidade. Por isso, o primeiro passo no método Zen é a negação do eu como realidade fundamental da pessoa humana e seu destino. Pode-se afirmar que o Zen não persegue a busca do Absoluto último (Deus), mas sim, simplesmente, o encontro com a realidade fundamental de si mesmo. Por isso, o Zen se converte em uma experiência, uma experiência pessoal, intransferível. A ideia-chave da prática do Zen é o "aqui e agora"; portanto, o que importa é o presente. Ou seja, estar presente em cada gesto e se concentrar no "aqui e agora". Essa ideia-chave nos faz voltar às origens, compreender a nós mesmos e nos conhecer profundamente.

Ser e estar sempre no que se está é o espírito do Zen. Zen é se concentrar em cada instante da vida cotidiana, não pensar no passado nem imaginar o futuro. O leitor poderá argumentar que necessitamos pensar no futuro para construí-lo dia a dia; evidentemente, às vezes é preciso pensar em traçar planos para o futuro, mas é necessário pensar desde uma perspectiva de "aqui e agora".

Concentrar-se é um objetivo no Zen, assim como ter consciência de que estamos aqui, de que não somos máquinas. Concentrar-se e ter consciência é libertar-se de uma multidão de coisas inúteis. A realidade é que os problemas que nos preocupam não têm a importância que lhes outorgamos. Diante da morte, o que mais há de importante?

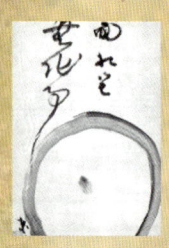

> "O budismo Zen não consiste em utilizar seu intelecto discursivo para governar o corpo. Consiste em utilizar exclusivamente o momento imediato, presente, em não desperdiçá-lo."
>
> Mestre Zen

> "A experiência do ensinamento significa não pôr a mente nas coisas externas."
>
> Mestre Zen Torei

Destacaremos, finalmente, que o caminho[8] de autoajuda sem dependência de Deus ou deuses foi definido como uma transmissão especial fora das escrituras, não aprendida por palavra ou cartas, uma trilha que aponta diretamente ao coração do homem, que olha para a natureza própria de cada um para, desse modo, obter a budeidade.

Consequentemente, o principal propósito do Zen é romper a rede de nossos conceitos, que é o que foi denominado por alguns de filosofia da "não mente".

A meditação zen

A meditação Zen tem como objetivo estimular a mente para que alcance o ponto mais elevado da experiência cognoscitiva e pode

---

8. Utilizei aqui o termo ocidental "caminho". A palavra correta no Zen seria trilha, já que a trilha é estreita e tem sinuosidades, como um rio.

abri-la à intuição da verdade última. A meditação Zen pretende desenvolver o conhecimento intuitivo e absoluto, além dos esquemas racionais, e dissolver o eu no Universo experimentando um sentimento de unidade cósmica, paz e felicidade.

"Quando você chega pela primeira vez a seu mundo meditativo, todos os centros ficam mudos. A razão se aquieta e não há palavras que se agitem; o coração sossega, e você já não é turvado pelas emoções; o sexo se acalma e não surge mais sexualidade."

Osho

O ponto culminante da meditação é conhecido como *satori*, que equivale à iluminação, uma experiência intraduzível de conhecimento, que coincide com a percepção da verdade última, da budeidade inerente a nós mesmos. Ao alcançar o *satori*, chega-se a uma experiência pessoal e intransferível, na qual o participante se transforma em um todo com o Universo.

A escola Soto é baseada no Zazen, a meditação do silêncio. A prática do Zazen é a expressão direta da verdadeira natureza. Seu segredo consiste em sentar-se sem motivo nem espírito oportuno e concentrar-se. Sua prática é apenas concentração sobre a postura e a respiração; durante essa concentração, libera-se uma grande energia. O Zazen é, antes tudo, uma meditação de concentração; ao ser praticada, é essencialmente uma experiência na qual a base principal é o "aqui e agora", em que o importante é o presente e onde o essencial é compreender a si mesmo, conhecer-se profundamente e encontrar o verdadeiro eu.

"Não permaneça em nada, mas vivifique a mente."

Mestre Zen Hakuin

A meditação Zen requer uma postura determinada, que deve ser adotada pelo discípulo. Para sentar-se, utilizará um *zafu*, uma almofada redonda, e colocará as pernas cruzadas em lótus. Nessa postura, os pés pressionam cada coxa nas zonas em que se encontram importantes pontos de acupuntura correspondentes aos meridianos do fígado, da vesícula e do rim. A coluna vertebral deve estar bem curvada na altura da quinta vértebra lombar, a nuca levantada, o ventre encolhido e o nariz na vertical com o umbigo. Os punhos permanecerão fechados apertando o polegar e localizados sobre as coxas perto dos joelhos. A ponta da língua deve tocar o céu da boca e o olhar fica a em torno de um metro de distância. A postura será acompanhada de uma respiração lenta e poderosa. O discípulo deve se concentrar em uma expiração longa, profunda e imperceptível; a inspiração é realizada automaticamente. O ar é expulso lenta e silenciosamente, com o estímulo da pressão do baixo ventre.

Um exercício simples de meditação zen

A seguir, veremos um exercício de meditação Zen que pode ser praticado com a postura detalhada anteriormente. Trata-se de um exercício sintetizado, extraído do Mahamudra Tibetano, o *Livro Tibetano da Grande Libertação*, da tradição Zen. Esse exercício tem uma duração aproximada de dez minutos, embora constitua a essência de um retiro de meditação de um mês.

* O discípulo deve sentar-se confortavelmente com os pés sobre o chão e fechar os olhos com suavidade.

* Deve começar de modo que a atenção percorra o corpo observando se há zonas tensas ou contraídas.

* Em seguida, deverá soltar o abdome, a parte baixa das costas.

* Também deixará que as mãos relaxem.

* Depois procederá a escutar todos os sons que o rodeiam.

* Ao mesmo tempo em que escuta os sons, imaginará que sua mente se expande de modo que já não está em sua cabeça nem em seu corpo, mas que se volta tão grande como o espaço em que se encontra.

* Agora os sons estão contidos no espaço de sua mente.

* Sua mente se abrirá como um céu. Os sons se encontram contidos nesse espaço.

* Olhará diretamente para a mente, que está aberta, clara e silenciosa.

* Nessa tessitura, os sons vêm e vão, mas a mente é um espaço imóvel, amplo, ilimitado, vazio.

* Nada se encontra fora desse espaço.

* Agora imagina que o corpo também está nesse espaço.

* Ele o sentirá, mas não é sólido, são pontos e zonas de sensação que faltam nesse espaço.

* Há uma consciência clara da qual surgem todas as coisas.

* Seu pensamento e suas imagens são como sons: surgem, mudam e desaparecem.

* É preciso tomar consciência disso, percebendo a verdadeira natureza do pensamento.

* Deixará que os pensamentos e as imagens surjam e desapareçam e que a mente permaneça inalterada, ilimitada, não composta de coisas.

* Agora imaginará, no espaço claro e vazio da mente, a figura de uma pessoa a quem ame.

* Deixará que o sentimento amoroso cresça nele até que comece a encher o espaço. Perceberá que existe um desejo do coração abrir-se e encher-se de amor.

* Agora imaginará a figura de outra pessoa a qual também ame muito.

* Deixará que os sentimentos e a experiência de amor cresçam no espaço, de modo que tudo fique inundado por esse afeto amoroso.

* É preciso deixar que o afeto amoroso cresça até que toque todas as pessoas que o rodeiam, inclusive desconhecidos, e também o lugar onde estamos, o país, o planeta inteiro. Assim, estará envolvendo o planeta de amor, pensamentos e sentimentos de afeto.

* Por fim, deixará que os olhos se abram suavemente e a atenção regresse.

"A meditação zazen é uma prática que, gradualmente, nos despoja da crença, do símbolo e do ritual simbólico, deixando-nos, tal qual faz o Zen, livre de prêmios e castigos, de orações ou juízos, de esperanças e lástimas, plenamente no aqui e no agora."

Charles Brooks e Charlotte Selver

Uma breve introdução à prática do Koan

Um *koan* é uma espécie de problema que o mestre formula a seus discípulos para que o resolvam. O *koan* assume uma fórmula didática dentro de uma pergunta que absolutamente não tem sentido. São desafios apresentados pelo mestre, que podem ser considerados "absurdos". O *koan* mais absurdo de todos é o apresentado a seguir: "Qual é o ruído de uma única mão que aplaude?".

No entanto, por mais absurdos que possam ser, é preciso considerar que é apenas nosso hábito de conceitualização o que nos

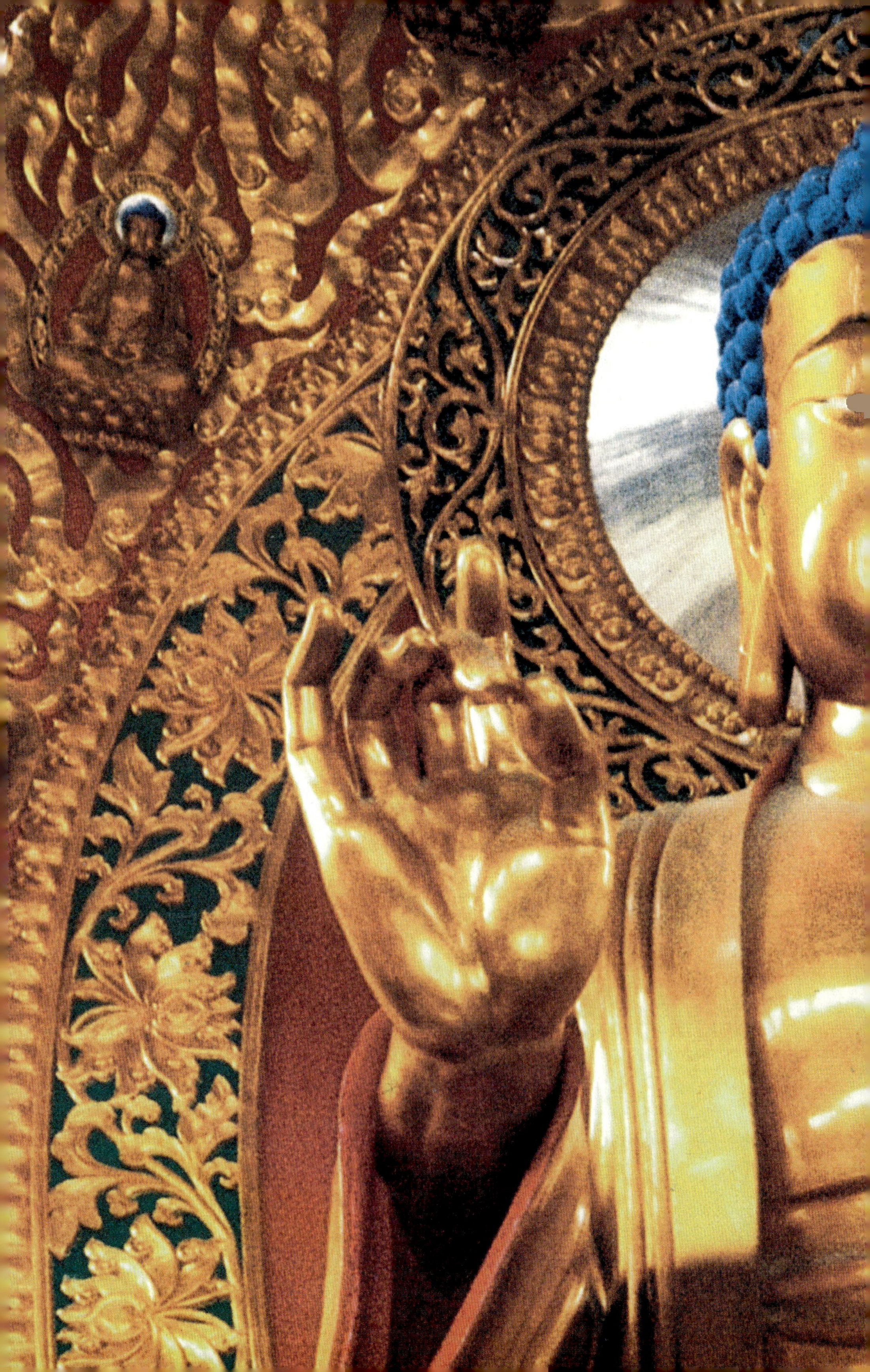

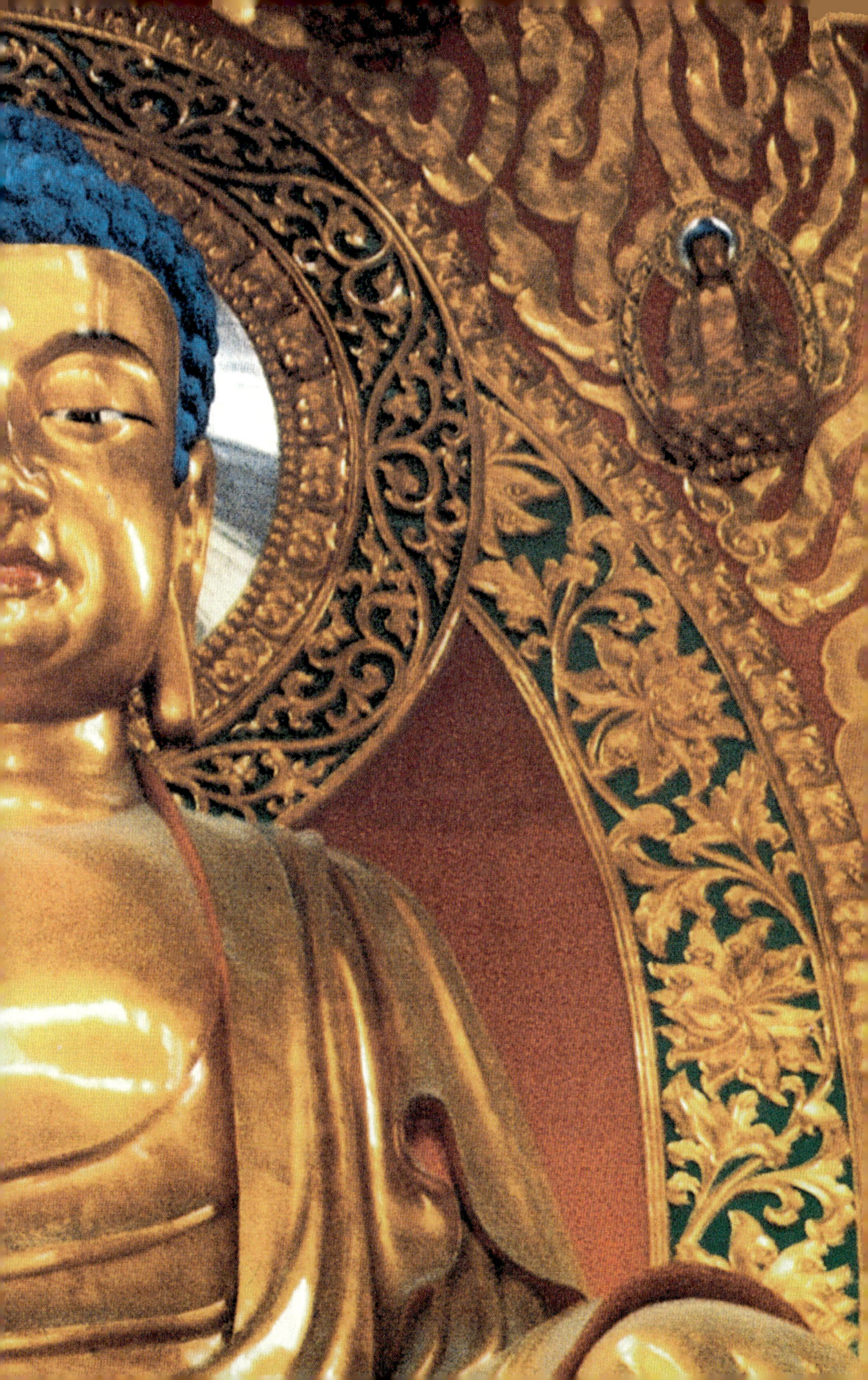

impede de enfrentar a realidade última. Essas apresentações absurdas dos mestres têm muitos significados e servem para levantar o véu que nos submerge a estados de relatividade.

Vemos que o *koan* é uma espécie de incoerência, uma contradição cuja resposta se encontra além do racional, do sujeito e do objeto, da causa e do efeito. Para os mestres do Zen, só quando o espírito esgotou todos os recursos, após uma meditação que pode durar semanas ou meses, o discípulo abandona todo esforço e alcança a iluminação.

Quando expomos nossas ideias lógicas como resposta a um *koan*, equivocamo-nos. O Zen não é dialético nem intelectual, é algo que vai além da lógica das coisas, a um lugar no qual está "a verdade que liberta".

> "O entendimento serve a propósitos variados em nossa vida diária. Sem dúvida, é algo muito útil, mas não resolve o problema último com o qual cada um de nós tropeça mais cedo ou mais tarde no curso da vida. Esse problema é a vida e a morte."
>
> D. T. Suzuki

O Zen incita a racionalizar para nos fazer ver a inutilidade da tentativa. O Zen sabe até onde pode nos fazer chegar, e só chegamos a entender essa tentativa quando estamos num ponto sem saída.

A intelectualidade, o raciocínio, a lógica ou as conceitualizações só são necessárias para compreender nossas próprias limitações. O *koan* pretende nos fazer compreender esse fato. Por isso, nunca devemos fazer do *koan* um objeto intelectual.

O Zen nos convida a nos identificar com o *koan*, de forma que não somos nós e sim o *koan*. Quando chegamos a um ponto assim, o *koan* é resolvido.

Vejamos alguns *koans* que são utilizados no Zen:

* Quando vocês tiverem um cajado, eu lhes darei um; quando não tiverem nenhum, eu lhes tomarei o cajado.

* De onde vêm? Para onde vão?

* Mu! (*wu* em chinês) – O mestre pede ao discípulo que se concentre nesse som.

* Mostre-me a cara original que você teve antes de nascer.

* Onde nos encontraremos depois de mortos, de queimados e de que todas as cinzas se dispersem?

* Deixem-me ouvir o som de uma mão batendo palmas.

* Utilize a espada que você tem nas mãos vazias.

* Fale sem usar a língua.

* Toque o alaúde sem cordas.

"A prática do zazen é a expressão direta de nossa verdadeira natureza."

Suzuki Roshi

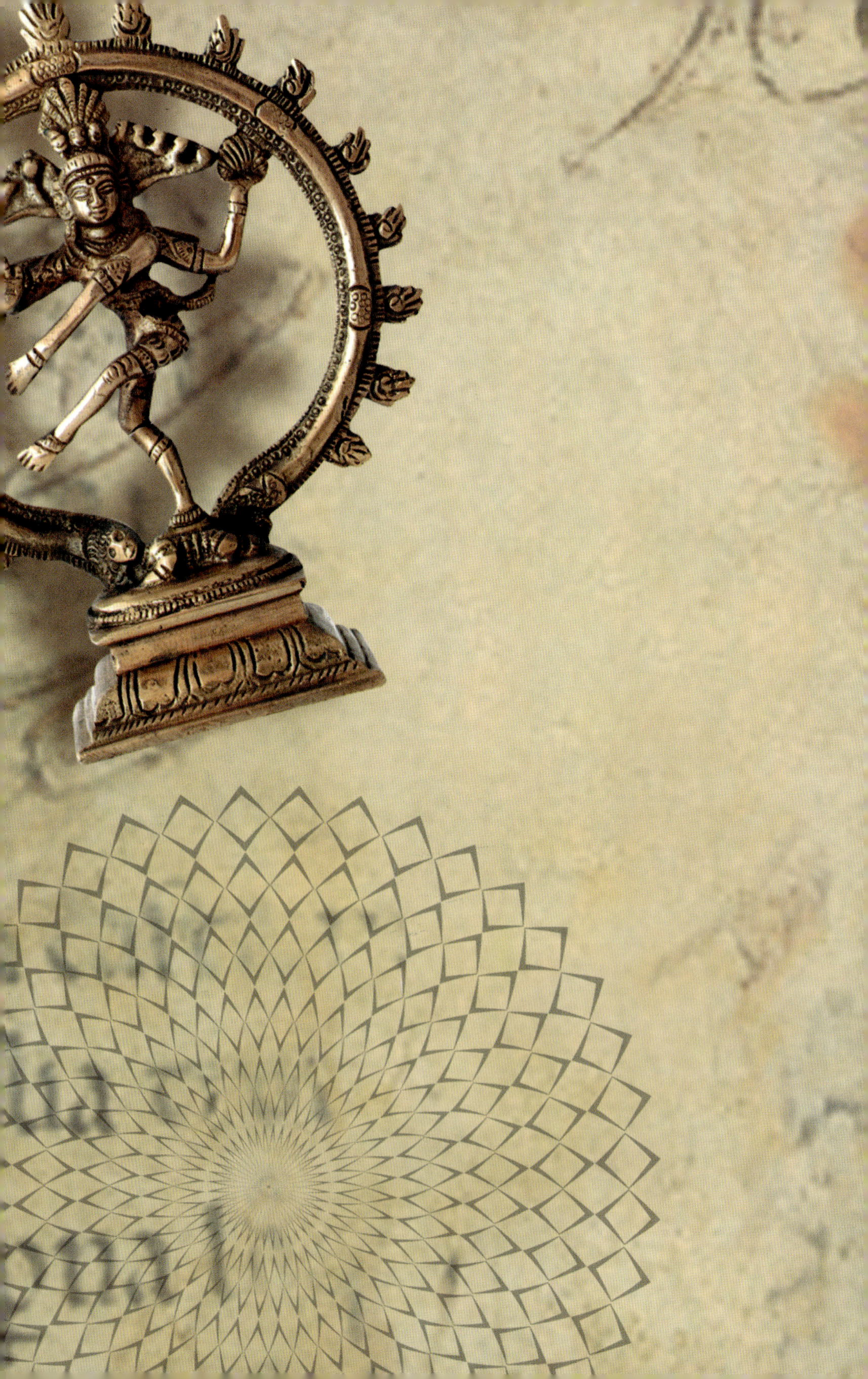

11.
A alegria e a felicidade segundo Osho

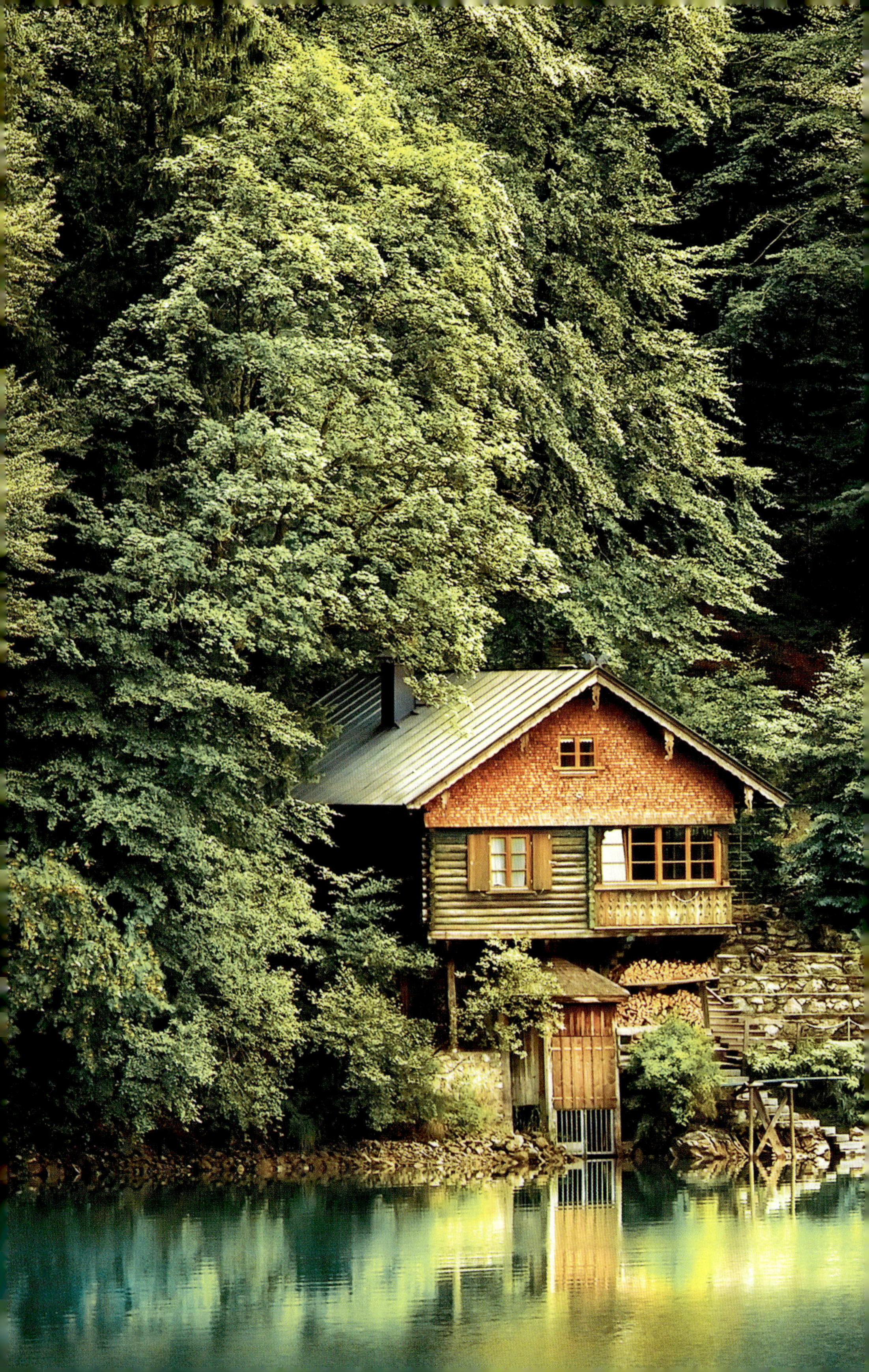

Felicidade e alegria

Osho destaca que a felicidade é um estado de ânimo que, em algumas ocasiões, é produzido pela posse de um bem. Ganhamos na loteria e somos felizes, mas é um estado apenas momentâneo, pois a lembrança dos que não estão conosco pode nos arrancar essa felicidade, ou o fato de pensar na violência e na pobreza que há no mundo nos submerge novamente na tristeza. Isso nos leva a considerar dois fatores: primeiro, que a felicidade é uma forma *a priori* da sensibilidade humana; segundo, como dizem os mestres espirituais, que a felicidade não vem de fora, surge internamente e depende de si mesmo.

A alegria seria uma consequência da felicidade, já que se manifesta com signos externos: dançamos, rimos, estamos contentes. Mas também são instantes momentâneos, já que mais cedo ou mais tarde a felicidade desaparece e, com ela, esses signos externos.

No entanto, pode existir uma felicidade serena. O simples fato de nos levantarmos a cada manhã e nos darmos conta de que estamos neste mundo, de que vivemos e de que temos uma missão a cumprir pode nos levar a essa felicidade serena. Acontece que ninguém acredita na felicidade, e isso faz com que o homem não possa ser feliz.

"Os humanos podem ser tremendamente felizes e tremendamente infelizes, e são livres para escolher."

Osho

Pessoalmente, minha felicidade é relativa, já que é difícil ser feliz em um mundo onde existe tanto sofrimento. Mas compartilho um grau de felicidade pelo simples fato de ter nascido e dou graças à natureza por compartilhar o grande mistério da existência, ainda que esse mistério possa me agoniar, ainda que me produza inquietudes. Cada vez que conhecemos algo mais sobre nós mesmos e o mundo que nos rodeia, move-se uma felicidade interior que brota e se manifesta com certa alegria exterior.

Dito isso, fica demonstrado que a felicidade não está relacionada com o triunfo na vida, nem com a posse de bens, nem com a riqueza e o poder. Muitas pessoas que são imensamente ricas não têm essa felicidade interior, só desfrutam de seus bens e vivem absortos nas mesmas angústias que o restante dos mortais.

A felicidade deve provir de nossa consciência

A realidade é que a felicidade não está relacionada com o mundo externo. Pode parecer assim em momentos determinados, mas não deixa de ser um estado de ânimo passageiro. Podemos estar apaixonados por uma pessoa e ser correspondidos, e acreditamos estar felizes, mas essa situação não deixa de ser tão passageira quanto qualquer outra. É uma felicidade externa. Os mestres espirituais nos explicam que, para ser verdadeira, a felicidade deve provir de nosso interior e estar relacionada com nossa consciência.

A outra felicidade, a externa, depende das pessoas e é muito relativa. Para algumas pessoas, uma bobagem as faz felizes. Há coisas que fazem felizes a algumas pessoas e a outras, não. Em qualquer caso, como é externa, é uma felicidade passageira. Uma comida pode fazer uma pessoa feliz, ou fazer amor com outra, mas isso é prazer, não é felicidade, e é, também, o mais passageiro que existe.

"Existe o prazer e existe a felicidade. Renuncie ao primeiro para possuir o segundo."

Buda

As raízes da infelicidade

Há pessoas que não são felizes devido à sua ambição, inveja, maus sentimentos, ressentimentos, ódios e desejos de vingança. Toda uma série de fatores que empurram para a enfermidade. Onde não há felicidade, impera a enfermidade. Sabemos que as pessoas ambiciosas, invejosas, com ódios e remorsos são as mais propensas a determinadas enfermidades, não apenas enfermidades mentais, mas também biológicas. O ódio, a vingança, isso segrega bílis, afetando o estômago e criando um desequilíbrio no corpo humano, que deixa de ser harmonioso, portanto, fica propenso à enfermidade.

Mas não são apenas esses os fatores que impedem essa felicidade interior de brotar. Nossa mente está subordinada a uma forma de pensar dentro de uma dualidade. A dualidade surge com uma das primeiras religiões, a zoroástrica, no Antigo Afeganistão. Ali nasceu o conceito de dualidade, o conceito do bem e do mal, do amor e do ódio, da vida e da morte.

"[...] a dualidade não é mais do que ilusão, já que a não dualidade é a suprema realidade."

Upanishad Mandukya

O pensamento não dual nos leva a perguntar por que as coisas têm que nascer e morrer. Na ideia do eterno, nada nasce, nada morre; nós vemos transições, mas o Ser e o Universo são eternos.

"A felicidade se faz, não se encontra. Brota do interior, não vem de fora."

Thomas Hardy

A dualidade é uma das causas da infelicidade, já que catalogamos os seres humanos como felizes e infelizes. Isso predispõe os que não são felizes a buscarem a felicidade fora de si mesmos; assim, passam de uma mulher a outra, de um trabalho a outro... tudo em busca da felicidade.

Mas nem um novo relacionamento, nem um novo trabalho, nem um novo lugar para viver podem nos fazer mais felizes, porque a felicidade, como já explicamos, vem do interior, não é encontrada do lado de fora.

Onde nasce a desgraça?

Quais são as raízes da desgraça? Segundo os mestres espirituais, as raízes da desgraça são a busca da felicidade fora de si, pois, ao buscar a felicidade externamente, produz-se um distanciamento do presente, e já insistimos na necessidade de não sonhar, e sim de viver esse presente. Pensar que nosso passado foi melhor ou pior, mais ou menos feliz, afasta-nos do presente. Pensar em sonhos do futuro nos quais teremos riquezas e seremos felizes também nos afasta do presente; portanto, afasta-nos da busca interior da verdadeira felicidade.

> "Feliz aquele que, tranquilo entre a multidão, margeia o rio protegido pelo vento agradável e, temeroso de confiar seu barquinho ao Oceano, navega a remo perto da terra!"
>
> **Ésquilo**, *Agamêmnon*, ato I, 2ª cena

As chaves da felicidade na escola de Osho

Quais são as chaves para ser feliz? A primeira, compreender a realidade, que é um aspecto similar à busca da iluminação. Aumentar nossos conhecimentos, não nos limitar ao que aprendemos na escola e, alguns, na universidade, mas sim ampliar esses conhecimentos, sabendo cada dia mais de nós mesmos e do mundo que nos rodeia. Para isso, é preciso submergir na busca interior, na meditação, e navegar por esses Oceanos profundos para não ser o bobalhão feliz descrito por Ésquilo.

Sobre a alegria, já destacamos que é algo passageiro, um entretenimento. Podemos estar numa festa e celebrar algo com alegria, não é mau, mas devemos saber que é simplesmente um entretenimento. E os entretenimentos são formas de não estar presente, de não estarmos conosco.

> "O entretenimento é uma forma de evitar a si mesmo."
>
> Osho

O entretenimento, em muitas ocasiões, afasta-nos do presente. Um entretenimento é jogar baralho, dominó, submergir em algo para se esquecer de si mesmo, para não estar com as angústias que lhe perseguem e que você não soube dominar porque não as enfrentou. Quando teme fazer perguntas a si mesmo e buscar em seu interior, você busca entretenimentos, e faz isso porque não é feliz. Hoje a sociedade moderna oferece um dos melhores e mais cruéis de todos os entretenimentos: a televisão. Com a televisão, você deixa de ser você mesmo; às vezes, até mesmo se identifica com os personagens que aparecem nas séries televisivas. A televisão oferece um entretenimento eficaz que leva os telespectadores a não viverem o presente, a fugirem deles mesmos, a se esquecerem deles mesmos.

Existe toda uma série de hipóteses que nos impelem a não viver o presente e a não ser nós mesmos. Às vezes é simplesmente a dificuldade de perdoar alguém que não agiu bem conosco, ou que assim nos pareceu. Em outras ocasiões, é uma ferida traumática que carregamos há anos, uma desilusão ou um fracasso, uma situação que não queremos enfrentar, mas que gravita em nosso interior. A psicologia transpessoal dispõe de técnicas, como a "Centáurica", para reconhecer esses traumas, exteriorizá-los e enfrentá-los.

Em outras ocasiões, a felicidade reside em aspectos insignificantes, como fazer tempestade em copo d'água, ou seja, dar mais importância a um fato do que a que ele realmente tem. Na realidade, para os mestres espirituais, nada terreno tem a importância que lhe damos. Um ensinamento Zen destaca que, quando se tem um problema, é preciso estender a mão e levar o problema da mente para a palma da mão. Então, é preciso pesá-lo; como veremos que o problema não tem peso, ele deixará de existir, já que é apenas um problema mental.

A infelicidade também vem quando fingimos ser o que não somos, quando não somos realmente nós mesmos. São muitas as pessoas que fingem ser de uma determinada forma diante de outras, talvez para impressionar ou seduzir; no entanto, mais cedo ou mais tarde aparece o verdadeiro eu, e então se produzirá a desilusão da outra pessoa e a infelicidade do falso eu.

Para alcançar a felicidade interior, devemos ser nós mesmos, devemos nos comportar como verdadeiramente somos, não como querem que sejamos.

> "Todo mundo está esquizofrênico. Nunca lhes permitiram ser eles mesmos, obrigam-lhes a ser outros."
>
> Osho

Antes de tudo, ser nós mesmos

Lamentavelmente, como sentencia o mestre espiritual Osho, o sistema nos obriga a ser outros. Ele nos obriga a nos vestir de uma forma determinada, a nos comportar segundo um estilo de vida, a sorrir artificialmente; definitivamente, a deixar de ser nós mesmos. A sociedade quer que sejamos outros, que não pensemos, que busquemos o triunfo, que nos condicionemos ao sistema, que vejamos televisão, que não meditemos, que não busquemos em nosso interior. O sistema quer isso porque é a melhor forma de nos manipular.

Por essa razão, a busca interior da felicidade requer deixar de fingir, ser você mesmo, e deixar de competir com os demais. Não há nada importante pelo qual valha a pena estar em plena competição para superar os demais. Competir é às vezes ganhar, outras, perder. Mas ganhar o quê e para quê? Também não devemos imitar os demais, devemos ser nós mesmos, deixar emergir nossa realidade interior, ser como queremos ser de verdade, sem farsas, sem traumas interiores, sem bloqueios. Também não devemos nos comparar aos outros, pois a comparação nos leva à competição para ser como eles e, em muitos casos, os demais não são um exemplo de virtude, e sim simples pseudotriunfadores que se pavoneiam pela vida, mas que mais cedo ou mais tarde perceberão que puseram uma escada pela qual sobem a um muro equivocado.

"Uma sociedade na qual muita gente não é feliz não pode ser estável."

Dennis Gabor

A alegria pode ser um estado de transcendência, um estado no qual não se é feliz nem infeliz, simplesmente se está em paz, em silêncio, em equilíbrio. Poderíamos dizer que a alegria é aceitar o que somos tal como é. Os mestres espirituais dizem que a verdadeira alegria está em explorar nossa natureza, compartilhar nosso mundo interior e nossos conhecimentos com os demais. Alegria é ser nós mesmos, é saúde e paz interior.

"As estrelas se acendem e se apagam no coração dos homens."

Rainer Maria Rilke

Uma das causas da infelicidade pode ser a avaliação negativa que fazemos de nós mesmos. Nós nos desvalorizamos e acreditamos que o restante das pessoas que nos rodeiam são melhores do que nós, são triunfadores, mas lembremos que dissemos que isso não traz a felicidade. Também explicamos que não devemos nos identificar com os demais, mas sim ser nós mesmos, e isso só é conseguido buscando em nosso interior.

> "O momento mais emocionante de minha vida foi descobrir que hoje é mais importante do que outrora."
>
> Rita Levi-Montalcini, Prêmio Nobel de Medicina
> (frase dita aos 99 anos de idade)

Para viver o presente, é preciso negar todos os condicionamentos que o sistema social nos impõe. Condicionamentos que nos impedem de ser como somos de verdade, que nos produzem insatisfação. Meher Baba[9] diz que não é culpa do homem se acredita que a solução de suas insatisfações está na vida sensual, no êxito comercial e social ou em uma vida cheia de experiências excitantes. Meher Baba destaca que, lamentavelmente, a vida humana não é longa o suficiente para que cheguemos a descobrir que, ainda que essas metas sensuais, comerciais e sociais fossem cumpridas, o final também seria decepcionante. Porque Meher Baba, como todos os mestres, acredita que apenas a busca interior de si mesmo produz satisfação, ou seja, felicidade.

---

9. *Listen, Humanity.*

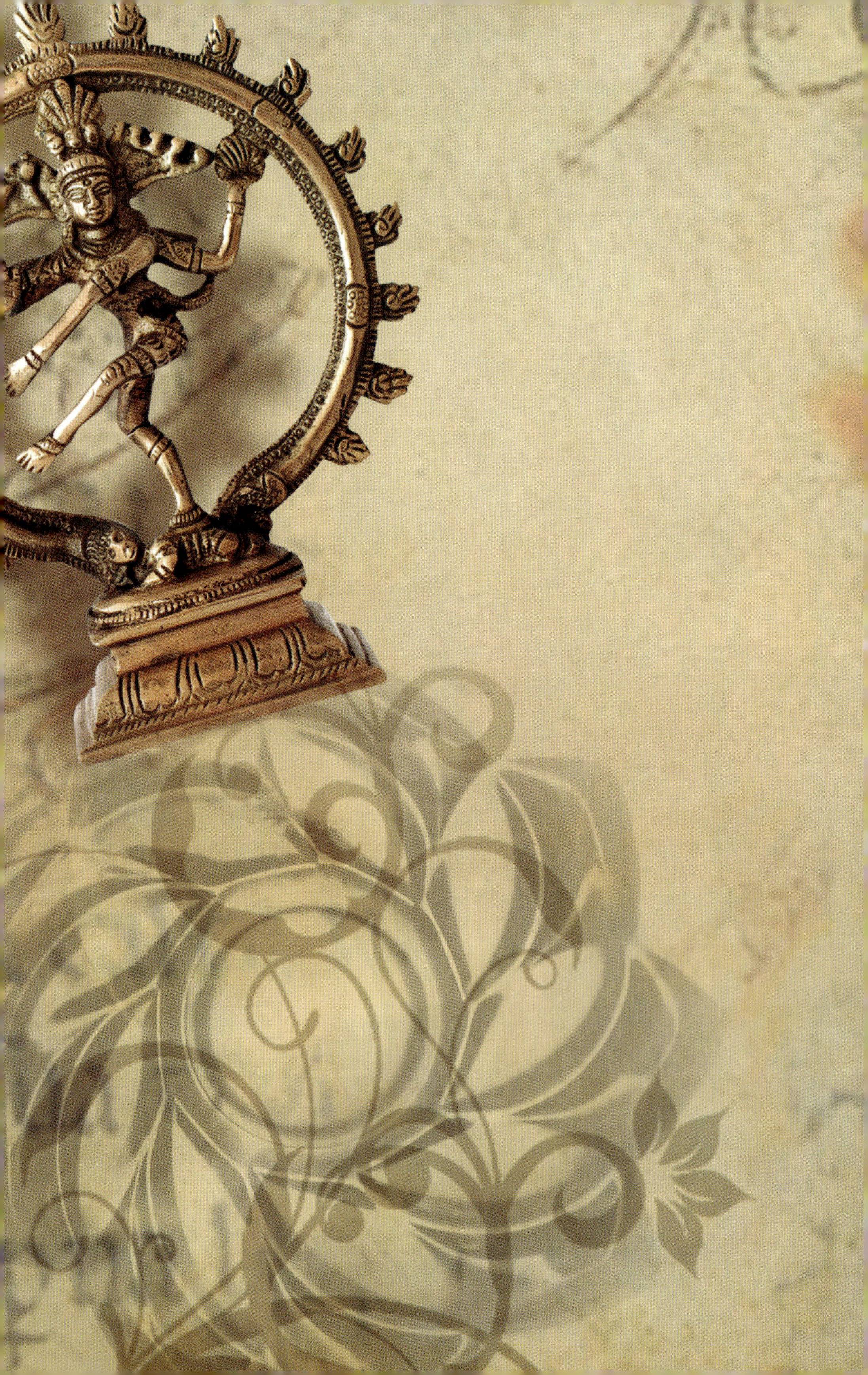

12.
A iluminação

O que é a iluminação?

Osho e todos os mestres espirituais nos falam da iluminação, um estado que trataremos de descrever ao longo deste capítulo. Hoje o termo "iluminação" ou "iluminado" é utilizado depreciativamente; diz-se que um indivíduo está iluminado quando tem ideias com as quais o restante das pessoas não compartilha, ou quando beira a loucura.

Iluminado é sinônimo de louco, de visionário, de profeta. Possivelmente, por essa terminologia depreciativa, a psicologia transpessoal não utilize essa palavra e designe a iluminação como um estado modificado de consciência. Entraremos brevemente nesse tema, mas, por enquanto, vejamos o que entendemos e o que os mestres espirituais entendem por iluminação.

> "O que em algumas disciplinas se denomina *iluminação* pode ser, no processo sufista, o resultado de encaixar em seu lugar um grande número de pequenos impactos e percepções, produzindo discernimento quando o indivíduo está preparado para isso."
>
> Idries Shah, *Un escorpión perfumado*

Em quase todas as tradições religiosas, o termo iluminação é utilizado para designar o momento em que todos os fiéis percebem a chegada de uma consciência profunda ou de um estado místico superior. É um termo muito empregado no budismo, onde se dá o exemplo da experiência de Buda, que, sob a árvore Bo, alcançou a iluminação ou o nirvana.[10] Digamos que é um estado místico comparável ao alcançado por determinados santos e santas do cristianismo em seus momentos de êxtase, ou o que muitas pessoas podem alcançar por meio de um estado modificado de consciência, embora neste último caso seja apenas provisoriamente. O conceito de iluminado não deve ser confundido com os denominados Iluminados ou Illuminati, seita da Maçonaria que apareceu na Baviera (Alemanha) no século XVIII e que perseguiam propagar uma nova religião baseada em uma razão ilustrada que estava em contato direto com a Razão Divina.

> "A iluminação é descobrir que não há nada para ser descoberto."
>
> Osho

Ao longo da história existiram, em todas as tradições, diversos símbolos de iluminação; assim, no hinduísmo, é a flor de lótus das mil pétalas; no cristianismo, o Santo Graal; no budismo, o espelho transparente; no judaísmo, a estrela de Davi; e no taoísmo, o *yin-yang*. Podemos destacar que Buda significa iluminado, Cristo e Messias também significam iluminado. No Zen, a iluminação é o satori; na yoga, a iluminação é samadhi ou moksha; no sufismo é a fana; no taoísmo é wu ou o Tao Fundamental. Gurdjieff chamou a iluminação de consciência coletiva, e Sri Aurobindo, de supermente. Para a psicologia

---

10. A palavra *nirvana* é um termo sânscrito que vem a significar "apagar uma chama com um sopro", metáfora do cessamento da vida, e não "aniquilação", como foi mal interpretado. Buda alcançou um nirvana em vida que lhe permitiu continuar pregando, até alcançar o nirvana definitivo, após sua morte. Para alguns filósofos do budismo e do hinduísmo, o nirvana é uma realidade incondicional como o vazio.

transpessoal, como já destacamos, a iluminação é resultado de um estado modificado de consciência.

Segundo Richard M. Bucke, alcançaram a iluminação: Gautama, Jesus, São Paulo, Plotino, Mahoma, Dante, Las Casas, São João da Cruz, Francis Bacon, Jacob Böheme, William Blake, Balzac e Walt Whitman. Para John White, seria preciso acrescentar Krishna e Madame Guyon.

Como alcançar a iluminação?

Osho destaca que a iluminação é um estado alcançado em algumas condições específicas muito determinadas. O indivíduo comum acredita que a iluminação consiste em ter visões, não percebe que a iluminação é o entendimento mais sutil ou tácito que existe. A iluminação não requer um grande esforço, mas sim simplesmente acreditar nela e estar em um estado puro disposto a renunciar ao ego, ao poder, à falsa realidade e a todas as armadilhas mundanas. A iluminação não é um objetivo que não tenhamos de estabelecer, é um estado que chegará quando nós estivermos preparados para alcançá-lo. Como em muitos aspectos espirituais, se você a desejar muito, não vai consegui-la. A iluminação acontece quando desaparece toda a esperança de alcançá-la. É um instante de entendimento e de consciência que só requer que não haja pensamentos, nem desejos, nem esperança. Mas é preciso praticar, não se esforçar, e sim praticar ser melhor, coerente com nossa vida e com a dos demais.

> "A iluminação é um acidente, a prática nos torna propensos ao acidente."
>
> **Mestre Zen**

> "Está iluminado aquele cuja linguagem e conduta estão em harmonia, e que repudia as conexões comuns do mundo."
>
> Dhu'l-Nun, o Egípcio

Com a iluminação, é produzida uma série de fenômenos que podem perturbar nossa mente, confundi-la, já que enfrentamos um estado que foi muito criticado pelos racionalistas e que muitos psicólogos e psiquiatras qualificaram de estados alucinatórios, estados que só podem ser particulares, interiores e que não existem na realidade cotidiana, que é como dizer que são estados consequentes da imaginação. Sobre esse aspecto, Ken Wilber pergunta aos racionalistas se alguém viu "aí fora" no "mundo sensorial" a raiz quadrada de um número negativo. Porque, de fato, as experiências intensas não podem ser transladadas ao papel pelo torpe forjado das palavras. Um dos fenômenos da iluminação é o enfrentamento com o não racional, que se converte em algo desconcertante para nossa mente, visto que nos condicionaram em uma educação racional onde tudo o que não possa ser demonstrado, palpado, não existe, ainda que aceitemos a raiz quadrada de um número negativo. O não racional produz em algumas pessoas um medo assustador, pois a realidade se torna múltipla e pode ser vista de várias maneiras. Ao se tratar de um fenômeno pessoal, a situação de solidão se agrava, ao mesmo tempo em que o conhecimento adquirido se converte em algo fugidio, difícil de reconstruir. Também nos damos conta de que, dessa maneira, já não será nunca exatamente como antes. Definitivamente, a iluminação nos levou a outro tipo de conhecimento.

> "Embora o êxtase não visite a alma por mais de uma hora, esta se sentirá impregnada do infinito, da noção vívida do Absoluto; o murmúrio inextinguível do eu revelador contém todos os Eu sem estar contido em nenhum."
>
> Stanislas de Guaita, *No umbral do mistério*

O conselho dos mestres espirituais é que, diante desse estado, não devemos opor resistência, tampouco expectativas, simplesmente é preciso deixar-se ir, libertar-se das travas mundanas e não esperar que esse estado resolva para nós a vida neste mundo. Como dizem alguns mestres, não resolvemos o mistério que buscamos, mas, finalmente, chegaremos a habitar nele.

O resultado da iluminação, embora seja apenas por alguns instantes, é comovedor, já que os valores que tínhamos da vida mudam, surge um novo eu, um interesse por novos temas e aspectos mais transcendentes, tudo nos interessa dentro de um grande apetite de conhecimento.

É preciso acreditar na iluminação

É preciso insistir no que todos os mestres advertem: que a iluminação só chega às pessoas que merecem alcançar esse estado. Aquelas que não querem conquistas externas, e sim uma transformação interior. Aquelas pessoas que já são conscientes de que a iluminação pode estar em seu interior e que sempre esteve pendente de que a descubram. Não se iluminará quem não acredita nesse estado, quem o considerou uma jogada da imaginação, uma trapaça de sua mente quando teve um lampejo de claridade da verdadeira realidade. Insistimos que para alcançar a iluminação é preciso acreditar nela.

> "Costuma-se dizer que, quando alguém busca um tesouro que por qualquer motivo não está destinado a ele, o ouro e as pedras preciosas se convertem diante de seus olhos em carvão e pedras vulgares."
>
> René Guénon, *El reino de la cantidad y los signos de los tiempos*

A iluminação é um estado que permanece latente em nosso interior, algo que adquirimos desde o exato momento em que nascemos. John White explica em um de seus livros[11] que estamos dentro da iluminação e que esta não é mais do que o despertar do sono da vida convencional que gera o sentido do ego como algo separado.

A iluminação é como o mestre que aparece no momento em que estamos preparados para receber seus ensinamentos e seu conhecimento.

> "Só o mundo pode comunicar a uma pessoa o que essa pessoa merece, ou seja, o que essa pessoa é capaz de captar, o nível em que está."
>
> Abraham Maslow

---

11. *¿Qué es la iluminación?* Editorial Kairós. Barcelona

Estados modificados de consciência

A psicologia transpessoal utiliza diversas técnicas para levar os indivíduos a estados modificados de consciência, algo que poderíamos qualificar de iluminações instantâneas e temporais, já que introduzem os indivíduos em um estado no qual a realidade se transforma e o tempo deixa de ter valor. Não há dúvida de que muitos sujeitos que alcançaram um estado modificado de consciência transformaram suas vidas, experimentaram uma mudança em seu interior e realizaram uma nova valoração dos valores sociais e de seus condicionamentos. Outros indivíduos permaneceram iguais, experimentaram uma situação que não sabem descrever, mas seu mundo interno continua sujeito à realidade cotidiana, porque, como dissemos anteriormente, para alcançar determinados estados superiores, certos níveis ou estados de iluminação, é preciso estar preparado, ter uma predisposição e uma consciência interior; em síntese, estar disposto a mudar, algo que muitas pessoas temem mais do que a própria morte.

"Transcender não consiste em uma conquista exterior, e sim em uma transformação interna."

Swami Nityabodhananda

Os estados modificados de consciência, dentro da psicologia transpessoal, requerem serem alcançados por meio de algumas técnicas muito determinadas. Não há dúvida de que as escolas que transmitem esses ensinamentos devem escolher os seus discípulos e não admitir aqueles que vêm apenas para se distrair e experimentar algum tipo de emoção. Sobre esse aspecto, existe um breve conto sufista que relata a história de um mestre que praticava a arte da atenção. Um dia, um discípulo foi visitar esse mestre Zen com a intenção de que ele lhe ensinasse a arte da atenção. Ao entrar pela porta da casa, deixou os sapatos e o guarda-chuva na entrada. Após apresentar seus respeitos ao mestre e explicar-lhe que vinha para melhorar a atenção, que já era bastante desenvolvida, o mestre lhe perguntou de que lado dos sapatos ele havia deixado o guarda-chuva. O discípulo não pôde se lembrar. O mestre lhe disse: "Pratique mais a arte de sua atenção e volte dentro de sete anos".

"Enquanto não formos além das meras palavras, não seremos verdadeiros conhecedores."

D. T. Suzuki, *El Zen y la cultura japonesa*

Os discípulos que seguem técnicas de psicologia transpessoal devem lutar para ser mais e não sucumbir à ambição de ter mais, precisam vencer o ego e os perigos do êxito e do poder. Devem se desfazer da violência, da identificação, dos dualismos e de todos os falsos valores do sistema social que os envolve.

Apenas sob essa perspectiva a experiência transpessoal será benéfica. Mas que técnicas é preciso seguir? A psicologia transpessoal oferece um amplo leque de técnicas para alcançar estados modificados de consciência. Desde meditações avançadas até a ingestão de enteógenos.[12] Além da meditação, que sem dúvida é um dos melhores caminhos para a iluminação, existem técnicas como a respiração holotrópica, uma hiperventilação que leva a um estado modificado de consciência no qual o discípulo pode ficar "chapado" durante várias horas sem a necessidade de ter ingerido nenhum enteógeno. Outras técnicas são a ingestão de peiote ou ayahuasca, inclusive a dietilamida do ácido lisérgico (LSD). Em qualquer caso, a experiência iluminativa será parcial, instantânea e impactante, pois o discípulo terá acesso a outras realidades em que verá seu mundo interior, seus medos, suas angústias, seus traumas e, talvez, se reencontrará com seus ancestrais já falecidos.

---

12. Termo que significa "Deus dentro de nós" e faz referência à utilização de fungos, cipós ou ervas alucinógenas sem efeitos que possam produzir vício. Ou seja, não podem ser qualificados como drogas.

"Como diziam os antigos, sabedoria é compreender os demais, mas compreender a si mesmo é iluminação."

Alexander T. Shulgin, *Plantas, chamanismo y estados de conciencia*

Em qualquer caso, a experiência será transformadora para aquele que estiver preparado; não permanecerá o estado "iluminativo", mas sim a sensação de mudança, a sensação de ter descoberto outra realidade transformadora. A partir desse instante, as inquietudes e a necessidade de conhecimento se converterão em uma premissa inevitável. Não importa se chegamos à iluminação por meio da meditação, da yoga ou de outras formas, o importante é que essas técnicas nos permitem aprofundar em todos os estados altruístas e ter acesso, finalmente, aos níveis mais elevados de iluminação.

O poder da iluminação

Os estados de iluminação ou transcendentes podem nos levar a desenvolver em nosso interior forças energéticas capazes de nos autocurar. Também podem despertar o denominado centro Kundalini criando um grande campo de energia que rodeia o corpo e nos eleva psiquicamente. Em outras ocasiões, nossas fronteiras pessoais são dissolvidas e nos fundimos com a natureza e com o Universo inteiro no denominado conceito de unidade ou Experiência Culminante.[13] Poderíamos falar de outras transformações pessoais, como os processos de renovação comparados ao conceito Atman-Brahman, ou ao divino dentro de si. Inclusive há o caso da abertura psíquica que nos leva a desenvolver uma bateria de fenômenos paranormais, como a telepatia, o abandono do corpo, a sincronicidade onírica, etc. Há quem chegue a ter experiências de vidas passadas e quem estabeleça comunicação com seres que os guiam ou seres de outras realidades.

---

13. Tal como a denomina Abraham Maslow.

"Não somos simplesmente máquinas biológicas e animais muito evoluídos, mas também campos de consciência sem limites, que transcendem o tempo e o espaço."

Christina Grof, *A tempestuosa busca do ser*

"A humanidade está evoluindo lentamente para um estado sublime de consciência do qual os grandes visionários e místicos do passado e do presente têm nos proporcionado luzes fugazes."

Gopi Krishna, *The Biological Basic of Religion and genius*

Os estados iluminativos, transcendentes ou transpessoais nos vinculam a situações que nunca podemos experimentar com nossos cinco sentidos comuns. Por meio desses estados, temos contato com outros universos e seres que se assemelham a deuses, saímos do mundo convencional. As situações que surgem vão além dos conceitos neurofisiológicos que temos na atualidade. Entramos em espaços atemporais que estão fora dos limites convencionais da psique individual. Como destaca Stanislav Grof, "seria um grave erro repudiar esses estados da mente e qualificá-los como produtos irrelevantes ou insignificantes da patologia do cérebro".

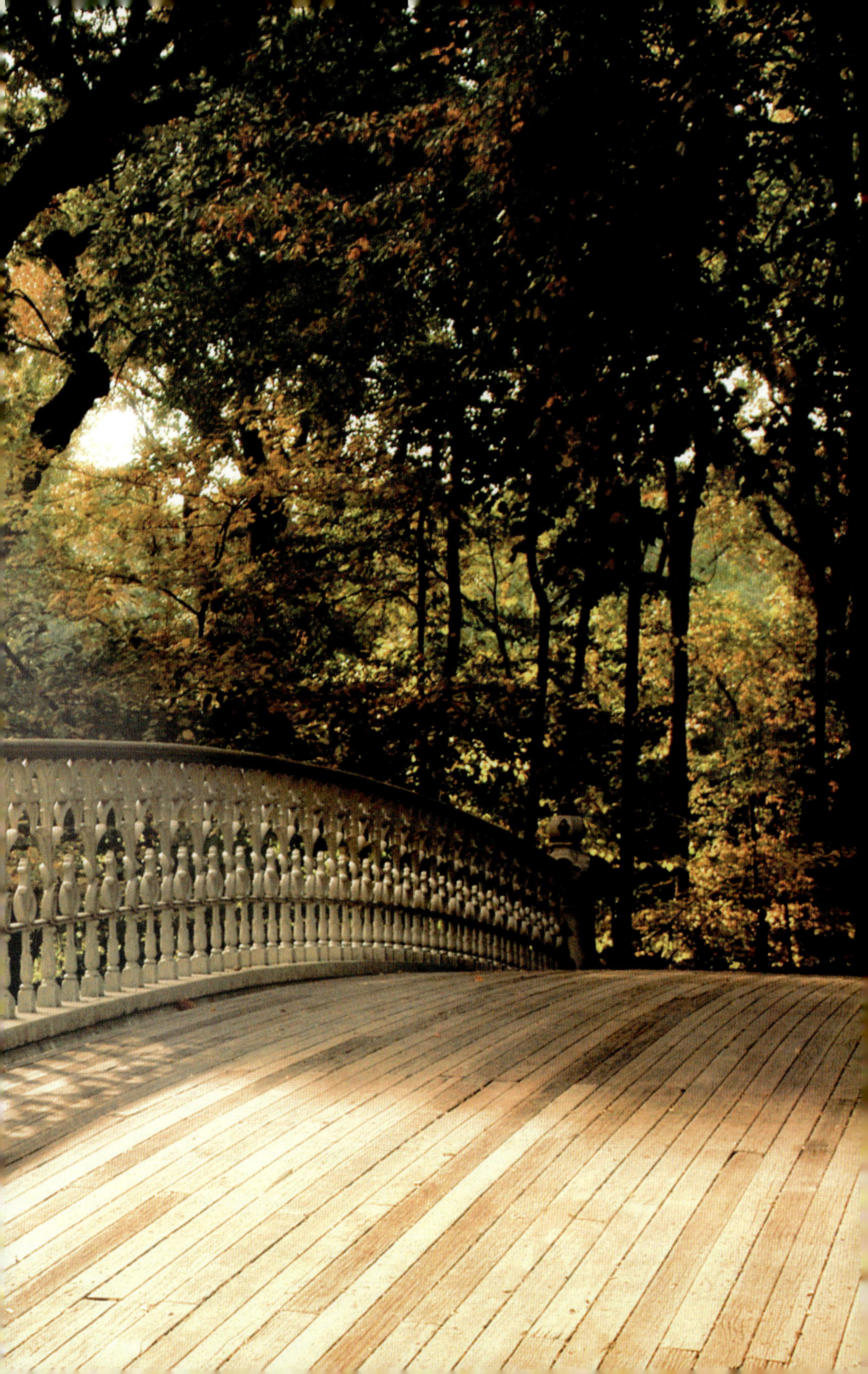

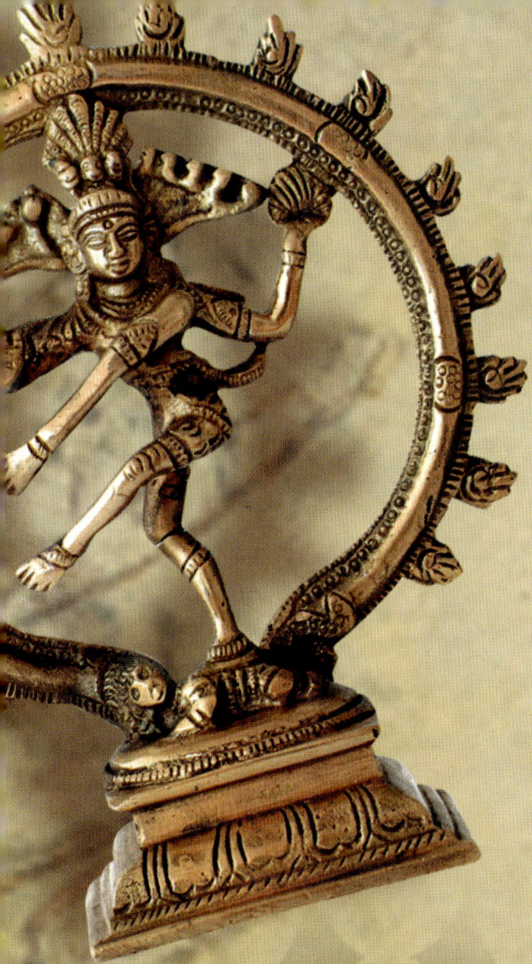

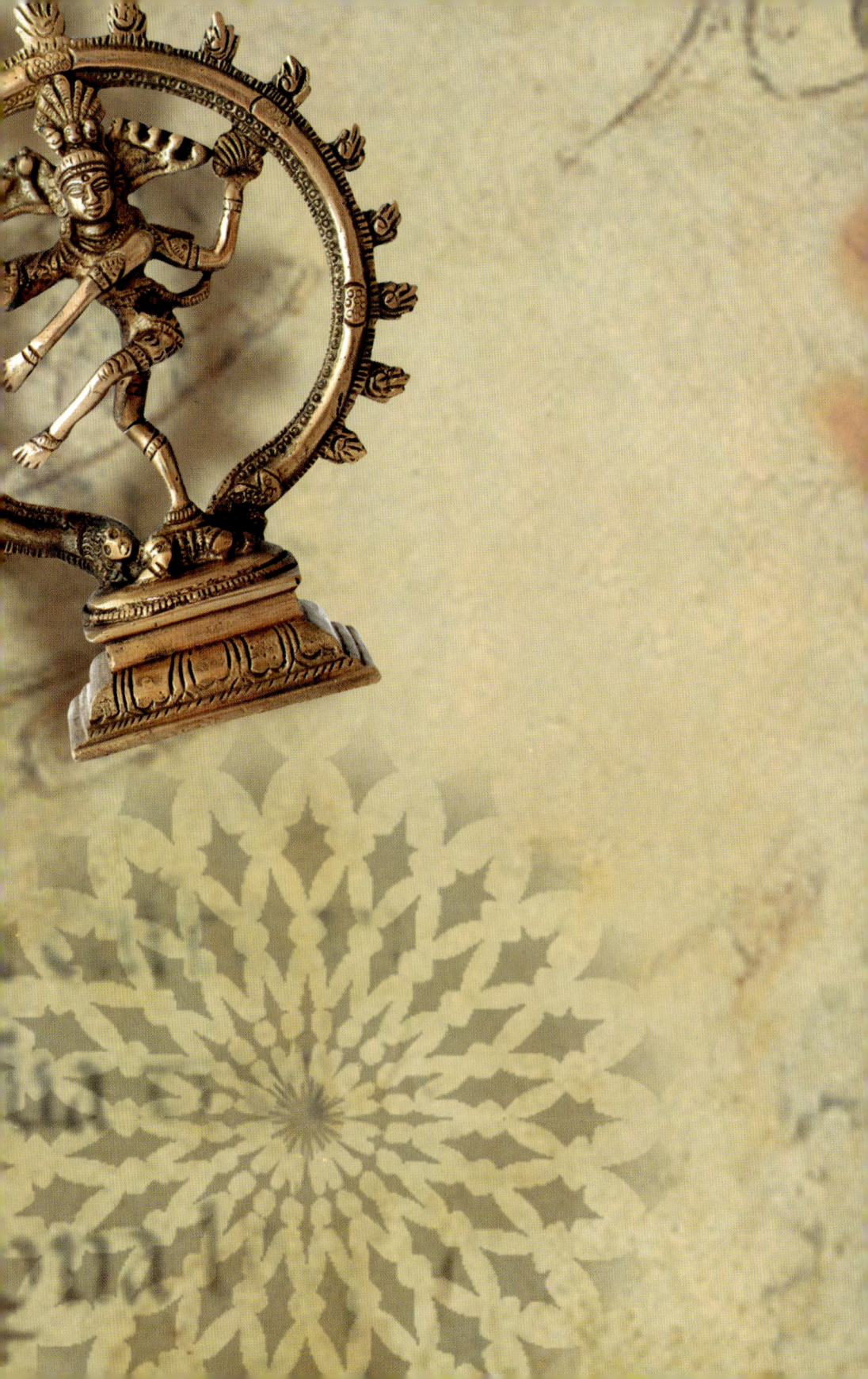

13.
A mente

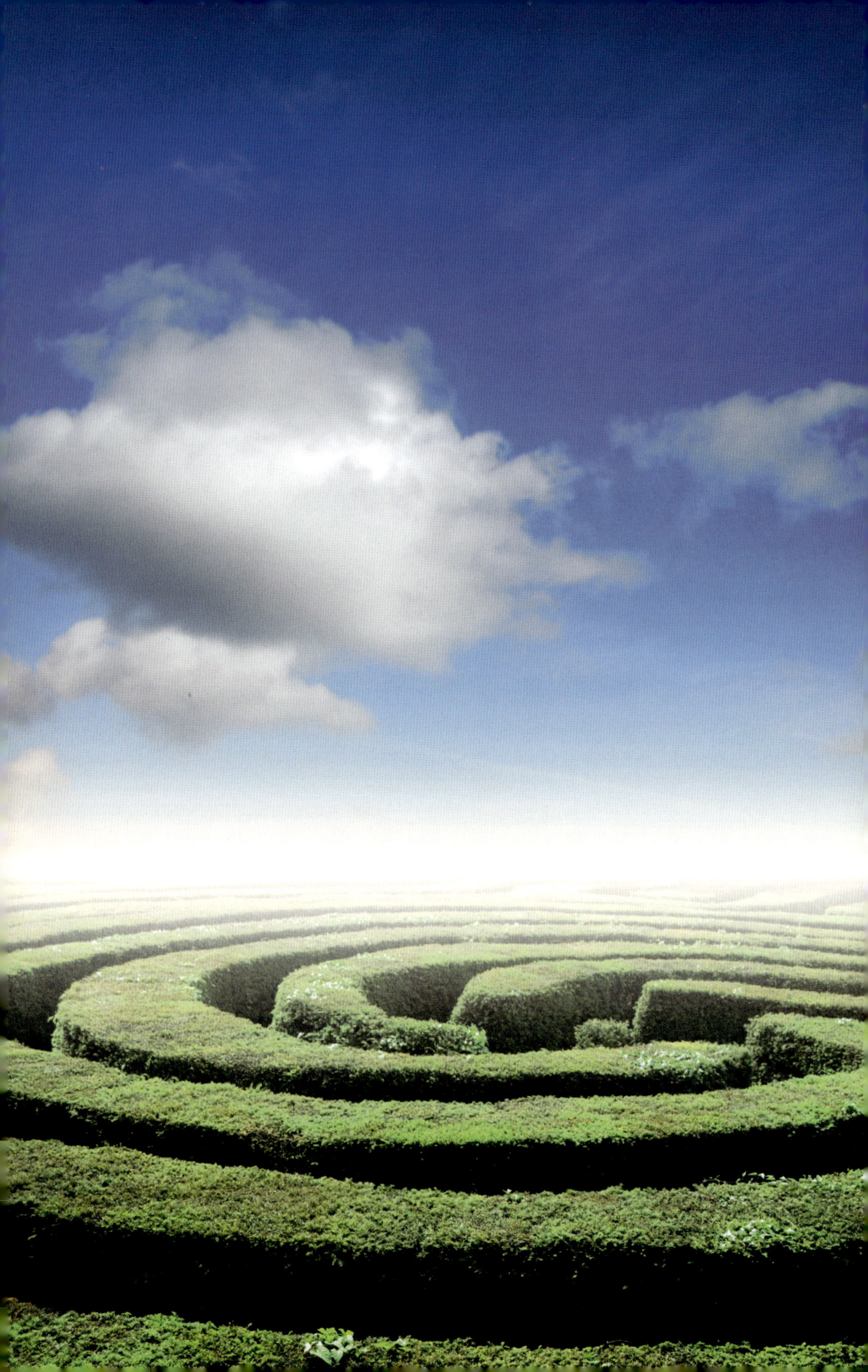

A mente, um organismo em constante verborreia

Osho destaca que a mente não é apenas um centro biológico que reúne palavras que depois utiliza habilmente, como fazem os políticos. Não é uma máquina que sabe manipular a linguagem. É algo mais complexo e profundo, um sistema capaz de refletir e criar ideias, relacionar fatos e escolher. Mas também capaz de nos utilizar constantemente se não soubermos dominá-la.

Osho nos alerta de que a mente fala constantemente com ela mesma, tem uma profunda verborreia que, na maioria dos casos, nós não dominamos, nos supera, nos utiliza, nos manipula e nos converte em títeres de nossa mente. Se nos detivermos e analisarmos, daremos conta de que, ao longo de um passeio por qualquer rua de nossa cidade, a mente observa o meio, mas também bombardeia com pensamentos sobre fatos de nosso passado ou projetos de vida para o futuro. Na realidade, a mente não vive o presente como todos os mestres espirituais e as escolas de psicologia modernas nos recomendam.

> "É a mente a que formou o universo físico que concebe a vida e, finalmente, faz evoluir criaturas que conhecem e inventam... Com elas, o Universo começa a conhecer a si mesmo."
>
> George Wald, *Life and Mind in the Universe*

O que aconteceu? Simplesmente, durante esse passeio, estivemos imersos em pensamentos irreais, em histórias do passado que não podemos modificar e em visões do futuro que, com toda certeza, não se tornarão realidade. Não vivemos o presente, a única coisa real e a única coisa que existe. Por quê? Simplesmente, foi a nossa mente que nos utilizou, e não nós que a utilizamos. Ela nos manipulou, gratificando-nos com histórias das quais gostamos ou que nos lembram momentos felizes, ou até mesmo momentos desagradáveis que já passaram, mas que também são uma forma de gratificação para certos indivíduos masoquistas.

O problema está no fato de que é preciso, como bem nos aconselha Osho, aprender a dominar a mente e não que ela nos domine. Mas como conseguir esse difícil processo quando já estamos orientados desde toda uma vida a não viver o presente? Sem dúvida, meditar é um meio, já que por meio da meditação forçamos a mente a um processo controlado por nós. Acontece, no entanto, que a mente não gosta da meditação, já que lhe produz um vazio, um silêncio em sua verborreia cotidiana. A meditação não lhe deixa jogar conversa fora e ela se assusta, porque teme os vazios, os silêncios. A mente quer mandar, escolher os temas da sua verborreia, e certamente não escolherá nada de que não goste, nada que lhe produza inquietude, perguntas demasiado embaraçosas, pensamentos sem respostas... em poucas palavras, vazio e silêncio, algo que se assemelha à morte.

> "Nosso instrumento mais crucial de aprendizagem é a faculdade de estabelecer conexões mentais. É a essência da inteligência humana..."
>
> M. Ferguson, *A conspiração aquariana*

A mente exige coisas que satisfaçam o próprio ego, não quer incomodá-lo, mas sim bajulá-lo, dizer-lhe que é o melhor e distraí-lo afastando-o da realidade do presente.

Osho nos alerta que devemos evitar que a mente acabe se apoderando de nós, precisamos domesticá-la e manipulá-la, repreendê-la quando nos assalta com pensamentos que nos distanciam do presente, com histórias imaginativas, com relatos emotivos. Lembremos que a mente está acostumada a mandar, ela nos dá ordens e nós as obedecemos, mas não deve ser assim, somos nós quem devemos dar ordens à mente e é ela que deve obedecer. Somos nós quem devemos lhe dizer que não nos interessam as lembranças do passado nem as imaginações sobre o futuro, que queremos que observe o presente que nos rodeia, que nos faça desfrutar vivendo esse passeio que fazemos pela rua. Se não agirmos assim, a mente se converterá em amo e seremos um escravo, um títere com a cabeça cheia de bobagens e irrealidades.

> "A mente é uma das coisas mais importantes da vida, mas apenas como criada, nunca como amo."
>
> Osho

Acontece, lamentavelmente, que a mente está condicionada, algo que já dissemos e que Osho nos repetiu em numerosas ocasiões. A mente recebeu uma educação na qual foram privados certos valores que agora ela utiliza. Se desde pequenos fomos condicionados a dar importância à forma de nos vestir, a estar na moda com a roupa, a mente se converte em um organismo sumamente preocupado com esses fatores. Quando vamos pela rua, só se preocupa se pusemos a camisa adequada ou se os sapatos estão combinando com o resto da roupa. Dá mais prioridade a esses valores relativos e falsos do que a outras coisas mais importantes na vida humana. Essa mente só se preocupará em ver vitrines ou julgar as pessoas que passam pela sua roupa, e não por seus valores intelectuais ou humanos. É uma mente condicionada. E a realidade é que pode haver muitos tipos de condicionamentos, podem ser religiosos e nos induzem a pensar mal de uma mulher que leva o decote demasiado aberto ou a saia muito curta; a mente a converte em pecaminosa. Saibamos que a mente dos fundamentalistas, dos terroristas, tem sido habilmente condicionada para ver maldade em tudo aquilo que sua crença não vê como bom.

Todos nascemos com uma mente completamente vazia, nossos pais nos fazem ser de uma forma ou de outra, convertem-nos em judeus, cristãos ou mulçumanos. Será a formação escolar a que nos condicionará a acreditar em algumas coisas e negar outras. Será o meio – amizades, pais, professores – que nos converterá em socialistas, comunistas, republicanos ou conservadores.

O sistema em que vivemos educa nossa mente, adultera-a, condiciona-a com informações falsas ou verdadeiras. Preenche a mente de falsos valores e concepções que, enquanto para uma parte do mundo são verdadeiras, para outra parte são falsas. Assim, haverá quem acredite em determinados valores como os únicos e verdadeiros, e outros que terão outros valores completamente distintos, mas para eles também autênticos e verdadeiros.

O conselho dos mestres espirituais é que é preciso viver o próprio ser, não o que pretendam implantar em você.

"A sociedade quer que você seja uma cópia, não o original."

Osho

Osho destaca que a mente é algo implantado pela sociedade. Os neurônios em sua memória se alimentam, desde que éramos pequenos, do que vemos, ouvimos, ou nos ensinam. E o que nós temos feito? Imitamos o meio que, precisamente, não tem sido o melhor mestre, já que esse meio está dominado por um sistema que nos potencia falsos valores e nos submerge em uma sociedade de consumo, que evita que nossa mente reflita sobre aspectos mais transcendentais.

A ausência de pensamentos é a meditação

  Osho, como todos os mestres espirituais, convidam seus discípulos a meditar, já que a meditação é uma fórmula ideal para dominar a mente, para aquietar a verborreia, para equilibrar e harmonizar a mente e o corpo.

  Osho diz que a consciência correta é o método da meditação, um caminho difícil, mas confortável. Meditar não é apenas se fechar em um quarto em silêncio, em postura de lótus e tratar de buscar o vazio mental. Meditar é algo que podemos fazer em qualquer lugar e em qualquer momento. Podemos meditar se observarmos o pensamento sem nenhum objetivo concreto. Com esse procedimento, convertemo-nos em testemunhas imparciais de nossa mente, observamos como nossa mente pensa. Somos sua testemunha. O simples fato de olhar, de ser testemunha do que nossa mente pensa, permite que o ego desapareça. O ego funciona instigado pela mente.

Quando observamos os pensamentos, estamos vislumbrando o que ela está observando, ou seja, estamos observando a nós mesmos. Para realizar esse tipo de meditação, é preciso praticar muito e, se praticada continuamente, a testemunha começa a estar presente o tempo todo.

"Conhece-te a ti mesmo."

Quilon de Esparta[14]

É muito importante que a mente esteja calma; para isso, é preciso se adentrar em si mesmo e chegar além de nós. A meditação consiste em ir além da mente e de seus limites.

Osho destaca que a meditação é o método mais efetivo para conhecer a si mesmo, já que está baseada no suporte do silêncio, um silêncio no qual a verborreia mental não impera. Tudo isso nos leva a afirmar que, para conhecer a si mesmo, não necessitamos da mente, mas sim do silêncio absoluto. A mente está sempre ocupada, é preciso calá-la, acalmá-la. Apenas com o silêncio da mente chegamos a dominá-la e a ser nós quem leve as rédeas dos futuros pensamentos.

"As técnicas de meditação, os exercícios sobre os hábitos e outros exercícios estão projetados para produzir uma mudança da consciência comum analítica para a consciência holística."

Robert Ornstein

A arte da meditação consiste em transcender a mente e seus condicionamentos. Meditar é observar a mente como se não tivéssemos nada a ver com ela. Na realidade, somos testemunhas dos processos de nossa própria mente. Meditar é consciência, não pensar em nada, é um meio para que tomemos consciência de nosso verdadeiro ser.

---

14. Quilon de Esparta escreveu essa frase no frontão do templo de Delfos, roubando-a de Tales de Mileto. Há quem tenha atribuído essa importante máxima de trabalho interior a Sócrates.

A meditação da testemunha

A meditação da testemunha é um dos métodos mais interessantes dentro das técnicas meditativas, um tipo de meditação apto para aqueles que chegaram a certo nível na prática meditativa.

Essa meditação está baseada em um trabalho de Ken Wilber, um dos maiores teóricos da psicologia transpessoal e considerado por John White o novo Einstein da pesquisa da consciência. Trata-se de um exercício que deve ser realizado preferivelmente ao amanhecer, com os olhos fechados, em um lugar arejado e silencioso. Para realizar essa meditação, seguiremos os seguintes passos:

* Começaremos buscando a "testemunha". Para isso, imaginaremos que nos abrimos e que nossa mente observa como a mente pensa, comportando-se como uma testemunha do que vamos realizar.

* A "testemunha" observará como a mente busca a vacuidade, o vazio e o silêncio do pensamento. Nada deve aparecer na mente.

* A "testemunha" contempla o mundo externo e também contempla os pensamentos internos. O ir e vir da mente, o esforço por manter a vacuidade e se centrar na respiração. Tudo desfila diante da "testemunha".

* Durante esse processo, a mente deve se desidentificar de qualquer objeto que veja ou possa chegar a ver.

* A "testemunha" não é nenhum pensamento, tampouco é o corpo, a mente ou o ego. É, simplesmente, a "testemunha" que observa nossa mente.

* Durante esse processo de meditação, é preciso tratar de sentir a si mesmo nesse instante, no momento em que se vive. É preciso tratar de ser consciente de si mesmo.

* Nessa meditação, permanecemos serenos nessa consciência observadora, contemplando a mente, o corpo e a natureza que nos rodeia.

Se conseguirmos todos os passos anteriores, começaremos a experimentar uma sensação de liberdade, de não estar preso a nenhum dos objetos que desfilam diante de nós. A mente se converte em um espaço aberto e livre através do qual os objetos vão e vêm. Notaremos que nos convertemos em uma abertura, uma vacuidade, um espaço aberto no qual os objetos se deslocam. E pouco a pouco veremos que não somos nada do que aparece, somos vacuidade.

Tampouco somos nada do que podemos ver ou nos apegar. Não temos de realizar nenhum esforço, não há tempo, portanto, não temos de medir nada. A "testemunha" pura é, por sua vez, uma vacuidade pura na qual todos os sujeitos e objetos individuais aparecem, permanecem por um tempo e acabam se desvanecendo. A "testemunha" não é nada do que possamos ver, e sim a ausência de todo sujeito e de todo objeto, a libertação de tudo isso.

Submergindo-se no presente

Não há disciplina nem tradição na qual a meditação não esteja presente como exercício importante. Desde os textos mais antigos da Índia, os *Upanishads*, até a moderna psicologia transpessoal, a meditação prevaleceu como um processo de abertura às profundidades de si mesmo. A meditação é um caminho no qual nos deslocamos além de nossos sentidos e podemos alcançar a realidade transcendental.

"A meditação é, no mínimo, um caminho instrumental mantido em direção à transcendência."

Ken Wilber, *O projeto Atman*

Não há nenhuma dúvida de que a meditação produz uma alteração da consciência, uma mudança em nossa mente; consequentemente, uma mudança em nós mesmos, em nossa forma de pensar, de agir e de ver o mundo. A medicina descobriu que aqueles que meditam sofrem mudanças fisiológicas específicas na atividade elétrica cerebral, na superfície cutânea e na respiração; todas essas mudanças levam a alcançar maior harmonia interna.

A meditação nos leva a nos conhecer melhor e a viver o presente. Aristipo insistia que "é preciso saber viver o instante que escapa", e advertia que a maior parte dos homens suporta a própria existência defendendo-se nas lembranças do passado ou apegando-se ao futuro, mas bem poucos o fazem submergindo no presente.

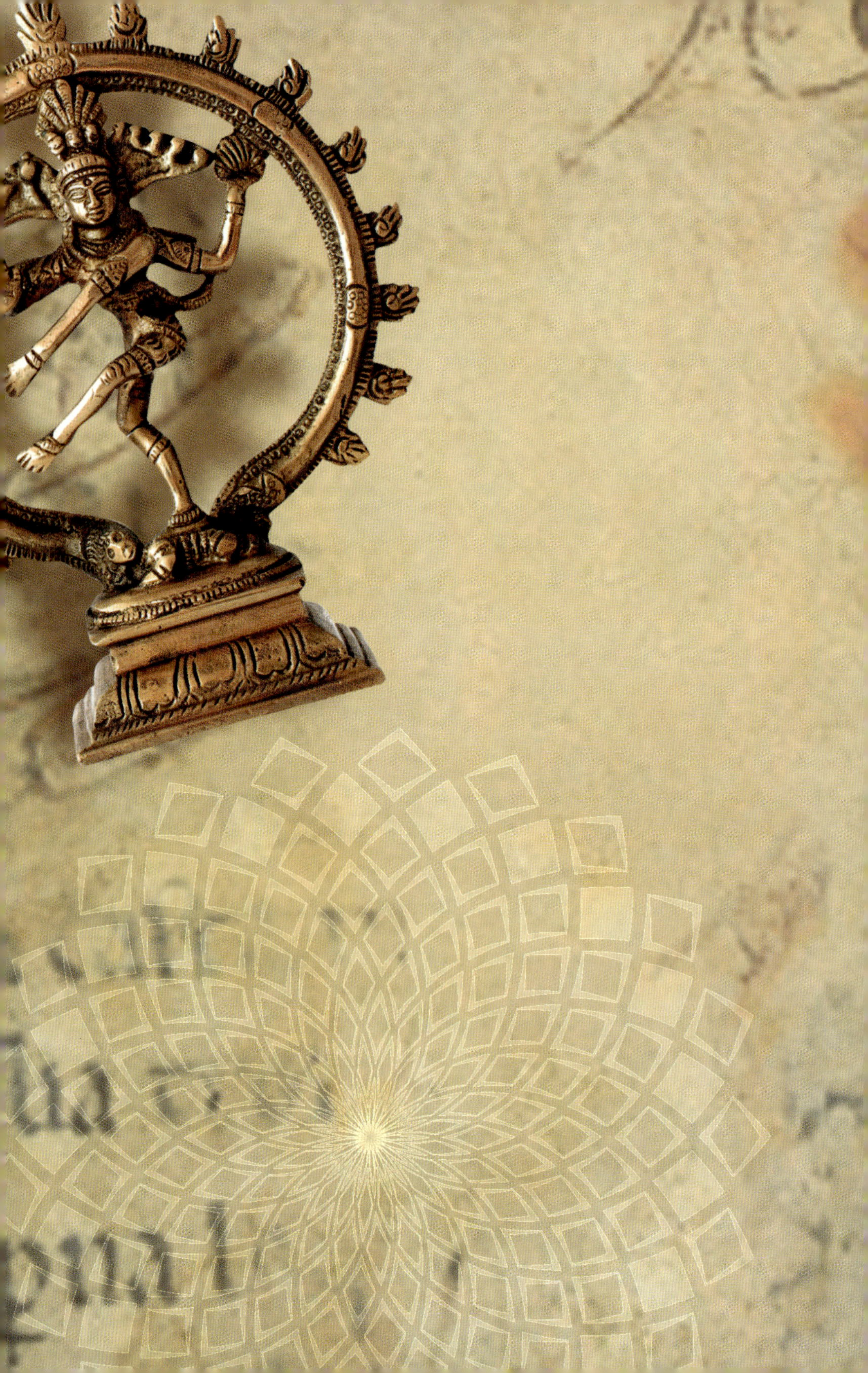

14.
A filosofia de Osho e as religiões ocidentais

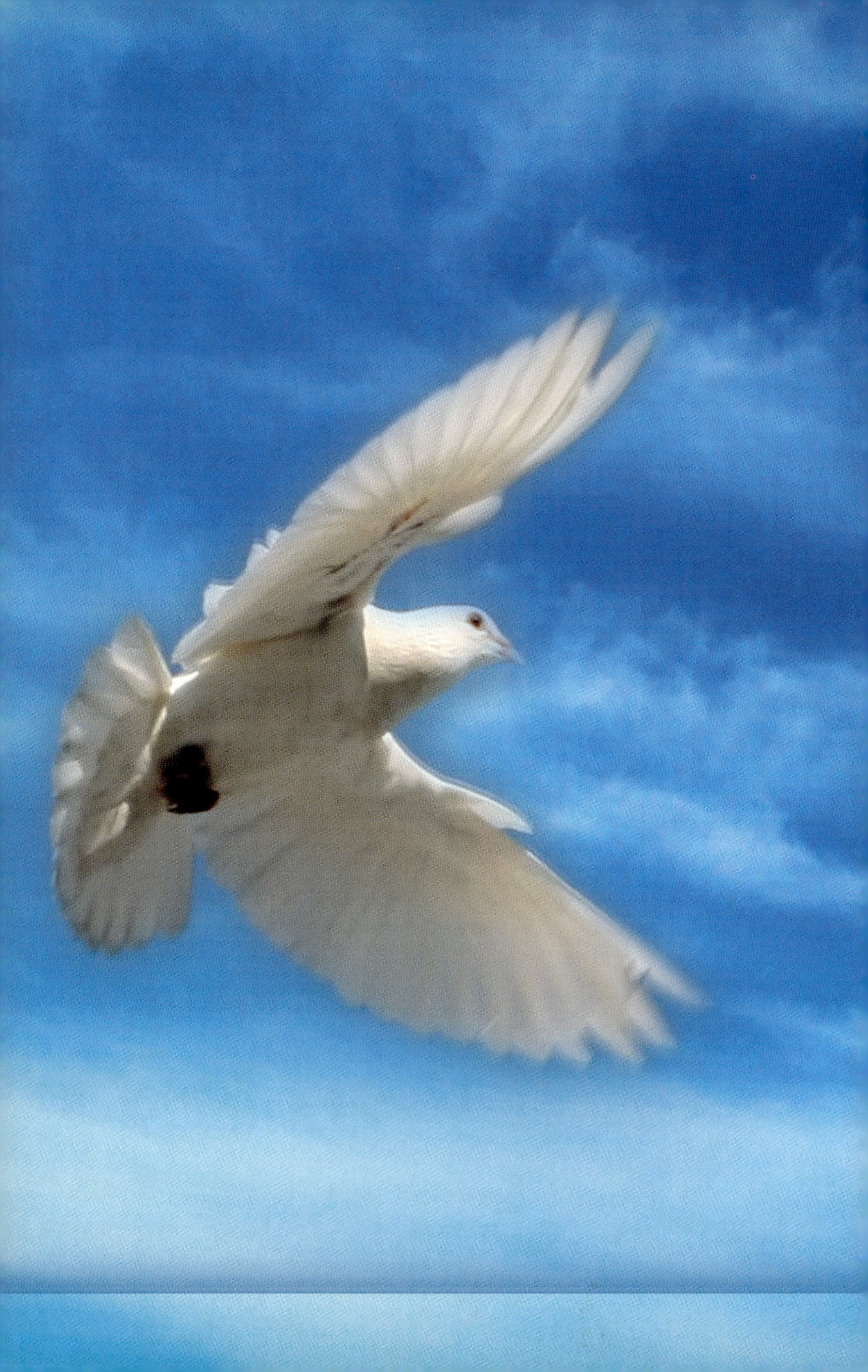

Religiões violentas e filosofias pacíficas

Todas as filosofias orientais estão em contraposição com as religiões ocidentais, ou seja, o cristianismo, o judaísmo e o islamismo. Não é de estranhar, portanto, que Osho e os mestres espirituais do Oriente mantenham certas discrepâncias com o conteúdo religioso ocidental, já que suas diferenças são abismais.

Krishnamurti diz que Deus existe se vivermos uma atitude positiva, e não existe se vivermos uma atitude egoísta. Esse mestre hindu considera que Deus é uma forma de ver a vida e de passar pelo mundo. Também considera que não fomos capazes de descobrir se existia algo transcendental mais real que a existência cotidiana; por não conseguir descobrir nada, começamos a adorar símbolos.

> "Tentei fazer tudo o que pude."
>
> Giordano Bruno,
> antes de ser queimado pela Inquisição

Já vimos como todos os mestres orientais defendem a não violência, a paz. Lamentavelmente, não podemos dizer o mesmo dos dirigentes religiosos do Ocidente. No cristianismo, ainda que Jesus aparente defender a não violência, seus representantes ao longo da história não seguiram a mesma pauta. Os papas, através dos séculos, utilizaram todo tipo de violência contra os que não confessavam a mesma fé. Prova disso foram as cruzadas contra os maometanos ou contra os cátaros, a perseguição dos infiéis ou dos que, com seus descobrimentos, punham em apuros a fé reinante. A Inquisição exterminou muitos pensadores, como Giordano Bruno, Servet e Galileu Galilei, este último se salvou da fogueira ao retirar o que disse. Também morreram milhares de mulheres que foram mal qualificadas como bruxas por usarem ervas para curar as dores da menstruação ou do parto, ou algum tipo de enfermidade.

> "Enquanto o sacerdócio profissional, com seus preconceitos organizadores, justificar a intolerância e a liquidação de outro ser pelo bem de seu país e a proteção de seus interesses e de sua ideologia, haverá guerra."
>
> **Krishnamurti**

Dentro do judaísmo, o Antigo Testamento é testemunho escrito da violência dessa religião. E não falemos do maometismo, em que a história de Maomé está infestada de violência e se defende a guerra santa contra os infiéis, assegurando aos seguidores que os que morrerem em defesa de suas crenças passarão a um paraíso repleto de mulheres virgens. A verdade é que não há muita diferença com o cristianismo, pois o papa Leão IV exortava os cristãos que lutavam contra os sarracenos dizendo-lhes: "... aos soldados que morrerem valentemente combatendo pela Igreja contra os sarracenos será completamente aberto o reino dos céus", sem implicar as barbaridades que cometessem em seus combates com seus prisioneiros e prisioneiras.

A violência e a não violência foram uma diferença substancial entre o espiritualismo do Oriente e o do Ocidente, assim como o sentido do dualismo. No Ocidente, o pensamento dual faz com que nos perguntemos por que as coisas têm que nascer e morrer. No pensamento não dual, permanece a ideia do eterno, nada nasce e nada morre.

Existem muitas outras diferenças, como o conceito do "todo" no espiritismo oriental, algo que as religiões ocidentais não compartilham. Enquanto para as religiões hinduístas fazemos parte do "todo", esse conceito é visto como panteísta pelas religiões ocidentais. Apenas no Evangelho segundo Tomé, manuscrito do Mar Morto do século III, encontramos uma transcrição na qual Jesus destaca: "Eu sou a luz que está em todos os olhos. Eu sou o todo. O todo saiu de mim e o todo voltou para mim. Cortai a madeira e estou ali. Levantai a pedra e ali me encontrareis". Ao longo de todo o Evangelho de Tomé vemos como Jesus nos chama para o conhecimento do eu, e não para as crenças. E o conhecimento do eu é a base psicológica das tradições orientais que se fundamentam mais em conhecer a si mesmo do que em qualquer tipo de crença.

Diferentes conceitos de imortalidade

Outra grande diferença está no conceito de imortalidade. Para as religiões ocidentais, a morte se converte no fim de nosso trânsito sobre a Terra. Seremos castigados com o inferno ou premiados com a estância em um paraíso. Para as religiões espirituais do Oriente, existe uma reencarnação, a morte equivale a uma oportunidade para a personalidade individual poder escapar da ilusão (*maya*) e experimentar a natureza divina (Atman-Brahman).

> "Quando são cortados todos os nós que aqui afligem o coração, então o mortal se torna imortal."
>
> *Upanishad Katha*

A reencarnação faz parte de uma das múltiplas crenças sobre a sobrevivência após a morte. O cristianismo optou por outorgar ao homem uma única vida terrena, ainda que ao final dos séculos exista uma ressurreição dos mortos. Dessa forma, o cristianismo nega profundamente a possibilidade de se reencarnar, e o ser humano deve cumprir o final purgando seus pecados no inferno, passando um período de provação no purgatório ou gozando do céu por ter levado uma vida conforme os princípios dogmáticos de sua fé.

> "Dando paz ao pensamento, destrói-se o carma bom e mau; no atman apaziguado por si mesmo, repousando, alcança-se uma ventura sem fim."
>
> *Upanishad Maitrayani*

Nas crenças orientais, o regresso a este mundo estará marcado pelo carma – termo existente no hinduísmo, budismo e jainismo –, uma lei que será responsável pelas diferenças sociais e pela boa e má sorte dos cidadãos, fato que dependerá das boas e más obras que realizaram em existências anteriores.

Dentro do cristianismo, temos de nos remontar ao século XV para encontrar um texto que sugira algum tipo de reencarnação dos seres humanos, e o encontramos no *Discurso sobre a Dignidade humana*, de Pico Della Mirandola,[15] onde Deus diz a Adão: "Eu te coloquei no meio do mundo para que seja mais fácil para ti ver o que há nele. Não te criei para fazer de ti um ente celeste nem terreno, mortal nem imortal, e sim para que, como escultor, tu possas lavrar teus próprios traços. Tu podes te degradar e ser um animal, mas também podes renascer como um ser semelhante a Deus mediante a livre vontade de teu espírito".

Busca exterior ou busca interior

As religiões ocidentais são uma questão de fé, e a busca de Deus é realizada por meio de sua Igreja ou de seus representantes. O que é praticado na igreja, na sinagoga ou na mesquita está mais para uma busca interna. Em qualquer caso, há condicionamentos por parte do sacerdote, do rabino e do imame ou mulá.

As religiões orientais tendem a ser filosofias psicológicas. A busca é a de ser, e essa busca é sempre interior. A meditação é um dos caminhos preferenciais para essa busca, na qual o mestre ou guia espiritual não intervém, é apenas guia. O importante é encontrar a paz interior e essa paz só é encontrada conhecendo a si mesmo, razão pela qual essa busca é mais psicológica do que religiosa.

> "Acreditamos que temos de seguir umas e outras pessoas às quais damos autoridade segundo as opiniões e costumes da época. Dessa maneira nos mantemos adormecidos dia após dia, geração após geração."
>
> **Consuelo Martín**

---

15. (1463-1494)

A busca sobre o conhecimento de si mesmo não é apenas uma busca do ser, mas também uma busca espiritual. Conhecer a si mesmo significa dominar a harmonia e o equilíbrio do corpo, dominar a mente e não ser dominado por ela, saber por que nos comportamos de uma maneira ou de outra. O conhecimento do ser interior é uma porta para a verdade e o conhecimento da verdade é um meio para a libertação. Essa busca espiritual está mais próxima do paganismo, animismo ou xamanismo do que das religiões. A busca espiritual trata de se unir à natureza, ao Cosmos, e sentir sua força, suas energias e o espírito que o estimula. Essa é uma característica das filosofias orientais, da mensagem dos mestres espirituais que sabem que no Ocidente o saber vai por um lado e sua vida espiritual vai por outro distinto ou não existe.

"O espírito é tudo. Se o espírito perde sua liberdade, você também perde a sua; se o espírito é livre, você é livre."

Ramakrishna

Lembremos que nas páginas deste livro também insistimos sobre a importância da consciência. Sobre ser conscientes de nós mesmos e do presente em que vivemos, do aqui e agora. Se buscarmos em nosso interior, chegaremos à nossa consciência, e isso nos permitirá ver a realidade de outra forma. Se quisermos encontrar a verdade sobre nós mesmos e sobre nossa existência, será necessário abrir-se à consciência, em que buscador e busca coincidem. A consciência é o centro de nosso ser, de nossa espiritualidade e é, também, o lugar que percebe todas as mudanças da mente, enquanto ela permanece inalterada. Nunca devemos agir contra nossa consciência, como bem explica Santo Tomás em *De Veritate*:

"Se a consciência proíbe uma determinada ação, é preciso seguir a consciência inclusive contra o desejo da Igreja, inclusive se levar emparelhada a própria expulsão da Igreja. O que age contra sua consciência peca."

Visões opostas sobre o sexo

Para as religiões ocidentais, quase toda a atividade sexual, fora dos dogmas estabelecidos por elas, é pecado. O sexo é, sem dúvida, a disciplina pendente do cristianismo, islamismo e judaísmo. Para as filosofias orientais, o sexo chega a se converter em rito, em um caminho para alcançar a divindade ou, no mínimo, a Kundalini, esse estado superior ou modificado de consciência, como destacaria a psicologia transpessoal. O conceito do pecado dentro do sexo chegou a ser tão forte nas religiões monoteístas do Ocidente que deixou milhões de fiéis traumatizados e perturbados psicologicamente.

"As pessoas religiosas têm mais perversões sexuais do que qualquer outra, porque as demais não se reprimem."

Osho

O pecado é uma das invenções das religiões monoteístas e, entre os pecados, um dos mais instrumentalizados é o sexual. O pecado sexual se converteu em um instrumento para usar as pessoas, algo que difere profundamente das crenças espirituais do Oriente, onde o sexo é algo particular de cada um e, em muitos casos, como já destacamos, uma via de crescimento a estados superiores.

Dentro das religiões monoteístas, o sexo como pecado tem como responsável a mulher. No cristianismo, judaísmo e maometismo, a mulher é secundária, é a grande pecadora, pois enganou Adão no Paraíso. Nas tradições espirituais do Oriente, a mulher não carrega nenhum pecado e, na maior parte das vezes, equipara-se ao homem; além do mais, deixa de ser um objeto de prazer, como é para o homem ocidental, para ser reconhecida como sujeito.

Enquanto no Ocidente o corpo desnudo do homem e da mulher ou as imagens eróticas são vergonhosos, no Oriente fazem parte do ritual do amor, são uma via espiritual. Como destaca Osho, um dos fatores destacáveis do sexo está em não se reprimir, em vê-lo como algo normal, em não o interpretar como algo pecaminoso, nem se sentir culpado por nada após o ter praticado. Qualquer culpabilidade será traumática e se converterá em um bloqueio interior difícil de superar.

> "A religião marginaliza a mulher diante do homem, a afasta do desenvolvimento cognitivo."
>
> **Rita Levi-Montalcini, neurologista e Prêmio Nobel em 1986**

Converter o sexo em pecado é marginalizar um dos componentes do casal, e desgraçadamente, para as religiões ocidentais, sempre é a mulher que leva a pior parte. Ela é a que o sacerdote cristão ou judeu considera como instigadora, ela é a que, em pleno século XX e XXI, acaba, no pior dos casos, sendo apedrejada no mundo mulçumano ou, com sorte, recebendo um castigo público de dezenas de chicotadas.

Por outro lado, o prazer sexual é termo de liberdade e, para as religiões monoteístas, a liberdade sempre foi um pecado.

A diferença entre crenças orientais e religiões monoteístas está na concepção que umas e outras têm do sexo. Para as primeiras, é um ato pecaminoso se não está regulado pelo matrimônio e praticado para a concepção; para as segundas, é um ato espiritual que entra na concepção do sagrado. Maria Caterina Jacobelli, autora do livro *El risus paschalis y el fundamento teológico del placer [O risus paschalis e o fundamento teológico do prazer]*, destaca: "O problema de fundo é este: é possível que o homem, em sua realidade concreta total e, portanto, em sua sexualidade, em seu desejo, em seu prazer, seja imagem de um Deus transcendente? Se isso fosse verdade, teríamos encontrado o porquê da presença do prazer sexual na esfera do sagrado".

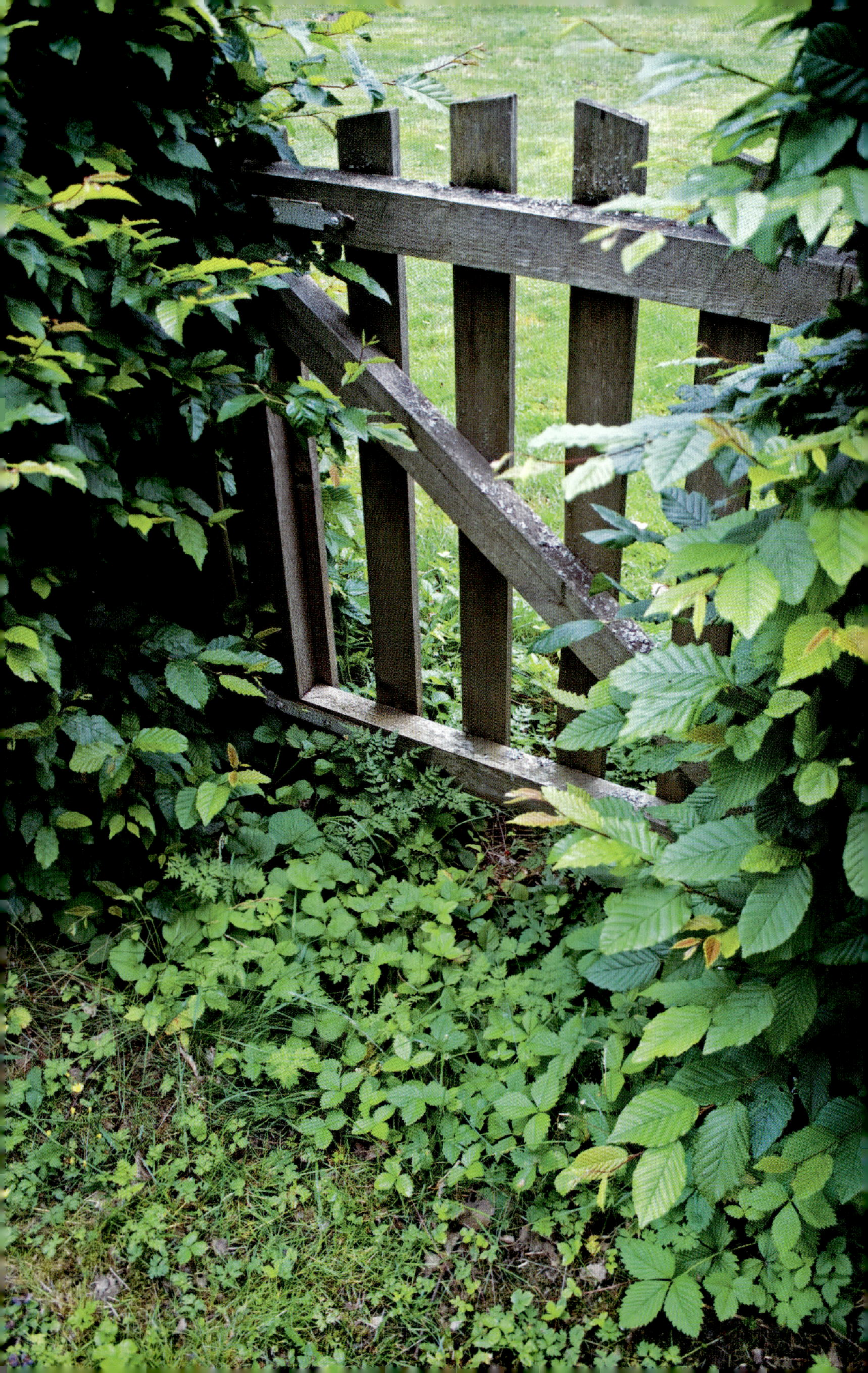

Epílogo

Depois desse percurso pela mensagem de Osho e outros mestres espirituais, dá a impressão de que se insiste reiteradamente nas mesmas palavras, na mesma mensagem, nos mesmos conceitos que já foram expostos milhares de vezes em centenas de livros. No entanto, essa é a mensagem espiritual que nos foi legada por Osho e por outros mestres espirituais que mencionamos nesta obra. Evidentemente, não se trata de uma mensagem esotérica, não há nada oculto, nenhum conceito mágico, nada arcano por decifrar; trata-se de algo simples que deveríamos praticar para viver a verdadeira realidade de nossa existência.

Apesar da insistência dessa mensagem, reiterada pelos mestres espirituais de todos os tempos e mais recentemente por Osho, continuamos vivendo sem conhecer a nós mesmos, praticando todo o tipo de violência e ódio contra os demais, agindo como máquinas gurdjieffianas, fustigando-nos com lembranças de nosso passado e frustrando-nos com ilusões de um futuro que não se cumpre como desejamos; continuamos sem nos dar conta de que vivemos um eterno presente e que o mais importante é o aqui e agora. Em síntese, somos vítimas do sofrimento, um sofrimento que nós mesmos nos criamos ao odiar, invejar e não saber amar.

O que esperávamos? Que a mensagem de Osho nos oferecesse uma fórmula esotérica que nos fizesse evoluir da noite para o dia?

Que mencionando um "abracadabra" as luzes de nosso cérebro condicionado se iluminassem? Que sem nenhum tipo de esforço alcançássemos a iluminação e a sabedoria? Não estão nos advertindo de que somos nós que devemos fazer o esforço?

A mensagem dos mestres espirituais não é magia, não é um arcano que temos de decifrar, não há lugar para o sobrenatural, não é um esoterismo profundo; é, simplesmente, psicologia espiritual ou transpessoal. É algo que todos podemos desenvolver.

Lemos e relemos esses textos espirituais como se estivéssemos repetindo a oração de um rosário em voz alta. Fazemos provisão de dados sem tratar de aperfeiçoar a nós mesmos. A experiência interna não pode ser transmitida por meio da repetição, somos nós os que devemos realizar o esforço e buscar em nosso interior. No entanto, preferimos elogiar as palavras dos mestres espirituais sem aplicá-las a nosso ser profundo, que continua sendo um território escuro e inexplorado.

Tanto Osho quanto os mestres espirituais mencionados não nos oferecem um culto nem uma religião. Não abrem as portas para uma filosofia prática baseada em técnicas ensaiadas, conhecimentos provados, práticas de meditação que nos abrem a outras realidades. No entanto, tudo isso continua sendo chato e tedioso. É mais fácil distrair a mente com milhares de armadilhas que o sistema nos oferece com o fim de que não pensemos demasiado, não busquemos outras possibilidades de vida, continuemos trabalhando como máquinas e acatando a falsa realidade que nos oferecem em uma bandeja sutilmente envenenada.

A vida nos oferece informação, os mestres espirituais oferecem conhecimento com o fim de transcender as limitações comuns. Seu propósito é ajudar a buscar a verdade dentro do ser e receber iluminação sobre a realidade. Sua função é guiar o buscador por um caminho de disciplina até chegar ao ponto de ser capaz de se sentar em contemplação absoluta sem contemplar nada. Trata-se de chegar ao ápice de nosso ser superando as barreiras de nossa mente e adquirir a consciência de ser.

Lamentavelmente, corremos de um lado para outro buscando, vamos de um mestre a outro, de uma escola a outra, esperando que, sem nenhum esforço, encontremos a iluminação. Não notamos que na mensagem dos mestres espirituais nos dizem que não encontramos a verdade fora, mas sim dentro, em nós mesmos. Mas isso requer esforço. Em Lonesome Valley, lemos: "Você tem de caminhar por este vale solitário. Você tem de caminhar sozinho. Ninguém pode fazê-lo por você. Você mesmo tem de caminhar". E Louis Pauwels[16] destaca: "Trata-se de viver a experiência pura na vida corrente, em nosso mundo, onde estivermos, no asfalto, no metrô, no trabalho, em casa. O templo está em todas as partes [...]. Há escolas, mas não são mais do que estações de trânsito. Há mestres, mas não são mais do que indicadores. De nossa habilidade depende traçar o itinerário".

---

16. Coautor, com Jacques Bergier, de *El retorno de los brujos* [O retorno dos bruxos].

Anexo

Biografia dos mestres espirituais citados

Osho

Nasceu em 11 de dezembro de 1931, em Kuchwada, Índia central. Inicialmente, foi conhecido como Bhagwan Shree Rajneesh, até que utilizou o nome de Osho, termo japonês usado no budismo Zen que significa monge budista. Seus pais praticavam a religião jainista; no entanto, por ter sido criado por seus avós maternos, teve outro tipo de influências espirituais. Seus anos universitários foram marcados por grande participação em todos os debates entre estudantes, o que lhe rendeu a medalha de ouro de Campeão de Debates. Em 1956, obteve o mestrado em filosofia na Universidade de Sagar.

Esteve ensinando filosofia durante nove anos na Universidade de Jabalpur, sendo considerado um de seus melhores professores. Depois desse período em Jabalpur, dedicou-se a viajar pela Índia, dando conferências sobre cada um dos aspectos do desenvolvimento da consciência humana.

Em 1968, estabeleceu-se em Bombaim. Dois anos mais tarde, criou a "Meditação Dinâmica", uma técnica que ajuda a deter a mente. Também idealizou outras meditações com música e dança: Kundalini, Nataraj (de origem sufista), Nadabrahma.

Em 21 de março de 1974, fundou o Ashram de Pune, o qual era frequentado por milhares de ocidentais que iam praticar suas técnicas de meditação. Em 1980, tinha reunido 250 mil discípulos em todo o mundo. Foi também a partir dessa data que começou a sofrer ataques e críticas aos seus ensinamentos por parte de religiões do Oriente e do Ocidente.

Em 1981, sua saúde piorou e o transferiram para os Estados Unidos, para operá-lo da coluna vertebral. No Oregon, ganhou terras e seus seguidores criaram uma cidade, Rajneeshpuram, de 500 habitantes, mas capacitada para receber 20 mil visitantes.

Ronald Reagan se opôs à sua presença e ensinamentos, já que rompiam a linha conservadora e racional de seu partido. Mas Osho continuou dando conferências.

Em 1985, sua secretária particular tentou envenenar seu médico e fugiu levando 40 milhões de dólares. A investigação federal terminou com uma acusação contra Osho de infringir as leis federais de imigração, como consequência, foi preso.

Seus advogados conseguiram soltá-lo depois de pagar uma fiança de 40 mil dólares, mas Osho foi expulso dos Estados Unidos. O governo americano pressionou outros países para evitar que o acolhessem, o que originou uma peregrinação por 21 nações, nas quais, em alguns casos, não passou do aeroporto.

Regressou a Pune em 1987. Ali criou, em 1988, uma nova técnica meditativa denominada de "a Rosa Mística". Morreu aos 58 anos, em 19 de janeiro de 1990. Suas cinzas estão guardadas em seu túmulo com um epitáfio, escrito por ele mesmo, que diz: "Osho nunca nasceu, nunca morreu, apenas visitou o planeta Terra entre 11 de dezembro de 1931 e 19 de janeiro de 1990".

Sri Aurobindo Ghose
Nasceu em Calcutá em 1872; é o terceiro filho de um médico bengali seguidor da cultura inglesa. Em 1879, foi enviado a Manchester, onde iniciou seus estudos. Em 1885, entrou na St. Paul's School de Londres, onde estudou diversas línguas europeias, incluindo o latim e o grego. De Londres, passou ao King's College de Cambridge em 1889, onde começaram a surgir seus sentimentos anticolonialistas. Em 1893, entrou para o serviço de Maharajah de Baroda, na Índia. Começou a colaborar na revista nacionalista *Indu Prakash*, que se opunha ao colonialismo inglês. Ao mesmo tempo, estudou a tradição sânscrita e bengali. Militou em organizações secretas que lutavam pela independência. Em 1906, iniciou uma série de turnês políticas por Bengali, ao mesmo tempo em que dirigia o jornal nacionalista *Bande Mataram*. Foi a partir desse momento que começou a ser objeto de perseguição por parte da administração inglesa da Índia.

Passou a militar em grupos extremistas, como o Congresso Nacional Indiano, mas foi detido, acusado de ações terroristas que membros de sua facção tinham cometido. Passou um ano na cadeia (1908-1909), encarcerado com presos comuns, uma experiência que superou com a meditação e sua crescente espiritualidade. Ao sair da prisão, continuou suas atividades e teve de passar à clandestinidade em Chandannagar, fixando, finalmente, sua residência em Pondicherry, onde fundou seu Ashram.

Mais guiado pelo espiritualismo do que pela política, fundou a revista *Arya*. Começou a escrever e suas obras foram traduzidas a vários idiomas, especialmente por madame Richard, com quem criou o Ashram Sri Aurobindo, onde ficou conhecida como "Mãe". A comunidade espiritual de Sri Aurobindo buscou uma síntese entre ciência e espiritualidade, seguindo uma vida sã. Morreu em 1950 e foi enterrado em seu Ashram.

Krishnamurti

Nasceu em Madanapalle (Chennai) em 1895. Destacou-se desde muito jovem por sua profunda sabedoria e serenidade. Aos 13 anos, foi tomado sob a proteção da Sociedade Teosófica, Ordem da Estrela Oriental, que via nele o novo Jesus Cristo ou o veículo para se converter em instrutor do mundo, um advento que a Sociedade Teosófica vinha proclamando há tempo.

Krishnamurti acabou sendo um grande mestre de profunda filosofia, sendo seus escritos de grande sabedoria e sem qualquer conexão com religião alguma. Ele se considerava um ser entregue ao mundo para transmitir sabedoria. No entanto, a Sociedade Teosófica insistia em dar-lhe uma imagem messiânica, razão pela qual em 1929 ele se retira dessa sociedade e ordena sua dissolução. Krishnamurti considerava que não era necessária nenhuma organização para autorrealizar-se interiormente, já que o caminho para a liberdade e a iluminação está na auto-observação.

Durante o restante de sua vida, continuou realizando conferências e escrevendo, e recusando qualquer condição de guru. Também negou-se a construir qualquer grupo a seu redor e a ter discípulos. Conseguiu escrever mais de 60 livros que contém suas palestras, diálogos e conferências. Krishnamurti acredita que a humanidade só poderá mudar pela evolução de cada indivíduo, por isso remete cada um a si mesmo, como buscadores que partem do "não saber". Sua meta é atingir o autoconhecimento.

Morreu na Califórnia, em 1986.

Ramakrishna
Nasceu em 18 de fevereiro de 1836, em Kamarpukur, Bengala. Aos 6 anos, teve sua primeira revelação mística que o transportou a uma imanência de grande beleza com a natureza. Aos 7 anos, teve sua segunda revelação, na qual viu a morte de seu pai. Aos 16 anos, foi a Calcutá com seus irmãos. Foi sacerdote do templo de Kali em Dakshineswar. Tem uma visão que lhe inspira a buscar Deus por meio do hinduísmo, do cristianismo e do Islã. Ao redor dele se agrupam centenas de discípulos aos quais dá conferências ao mesmo tempo em que escreve numerosos livros e artigos. Finalmente, doente, transfere-se a Cossipore, onde morreu em 16 de agosto de 1886. Seu túmulo é venerado por seus seguidores de todas as partes do mundo.

Gopi Krishna
É oriundo de Caxemira e, em 1937, experimentou pela primeira vez a Kundalini com tal intensidade que esteve a ponto de perder a vida. Em 1976, publicou a obra-prima *Kundalini, el yoga de la energía*, que se converteu em um clássico e um manual de grande atualidade. Gopi Krishna criou a Fundação Kundalini em Jammu, onde são feitas pesquisas sobre experiência e se difundem os conhecimentos adquiridos. A Kundalini é representada como uma serpente que se encontra enroscada na base da coluna vertebral, sua energia é liberada pela via natural ou mediante técnicas de yoga. Sua ascensão até o cérebro produz uma experiência de iluminação.

Bibliografía

ALMENDRO, Manuel. *Psicología y psicoterapia transpersonal*. Barcelona: Editorial Kairós, 1994.

ASSAGIOLI, Roberto. *Ser Transpersonal*. Madri: Gaia Ediciones, 1993.

BLASCHKE, Jorge. *El cuarto camino de Gurdjieff*. Madri: Ediciones Contraste, 1995.

BLASCHKE, Jorge. *Vademécum de la meditación*. Barcelona: Ediciones de la Tempestad, 1996.

BLASCHKE, Jorge. *Más allá de lo que tú sabes*. Barcelona: Robinbook, 2008.

BLASCHKE, Jorge. *Somos energía*. Barcelona: Robinbook, 2009.

BLASCHKE, Jorge. *Más allá del Ahora*. Barcelona: Robinbook, 2009.

CLEARY, Thomas. *Observando la mente*. Málaga: Editorial Sirio, 1996.

DESHIMARU, Taisen. *Za-Zen. La práctica del Zen*. Gerona: Editorial Cedel, 1976.

DESHIMARU, T. & IKEME, Y. *Zen y autocontrol*. Barcelona: Editorial Kairós, 1990.

DESJARDINS, Arnaud. *La meditación*. Barcelona: Editorial Kairós, 1990.

FERGUSON, Marilyn. *La conspiración de Acuario*. Barcelona: Editorial Kairós, 1985.

GOLDSTEIN, Joseph. *La experiencia del conocimiento intuitivo*. Alicante: Ediciones Dharma, 1995.

GOLEMAN, Daniel. *Los caminos de la meditación*. Barcelona: Editorial Kairós, 1986.

GOLEMAN, Daniel. *Inteligencia Emocional*. Barcelona: Editorial Kairós, 1996.

GRAF DÜRCKHEIM, Karlfried. *El maestro interior*. Bilbao: Ediciones Mensajero, 1992.

GROF, Stanislav & GROF, Christina. *La tormentosa búsqueda del ser*. Barcelona: Los Libros de la Liebre de Marzo, 1995.

ORNSTEIN, Robert. *Psicología de la conciencia*. Madri: Edaf, 1993.

SUZUKI, D. T. & FROMM, E. *Budismo Zen y psicoanálisis*. México: Fondo Cultural Económico, 1964.

TART, Charles. *Psicología Transpersonal*. Barcelona: Editorial Paidós, 1994.

THICH NAHT HANH. *Cómo lograr el milagro de vivir despierto*. Barcelona: CEDEL, 1981.

THICH NAHT HANH. *Hacia la paz interior*. Barcelona: Plaza & Janés, 1992.

WILBER, Ken. *El proyecto Atman*. Barcelona: Editorial Kairós, 1988.

Leitura Recomendada

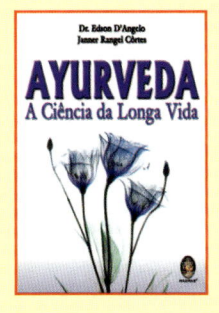

Ayurveda e a Terapia Marma
Pontos de Energia no Tratamento por Meio da Ioga

Dr. Avinash Lele, Dr. David Frawley e Dr. Subhash Ranade

Esta obra foi escrita por três palestrantes e médicos de renome no Oriente e contém informações práticas para os terapeutas ocidentais que trabalham com massagens e acupressão. Eles tratam especialmente dos marmas, que são pontos de pressão e uma parte importante da ioga e da ayurveda.

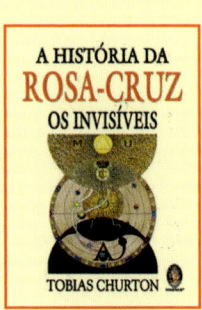

A História da Rosa-Cruz
os invisíveis

Tobias Churton

Há 400 anos, um documento foi publicado por membros de uma ordem que se intitulava Rosa-Cruz. Uma sociedade secreta de cristãos que afirmavam conhecer os verdadeiros ensinamentos de Cristo e, por meio desse conhecimento, terem se tornado imortais e ganhado poderes divinos. Cristo teria dito a esses discípulos que com fé eles seriam capazes de realizar milagres mais notáveis que os dEle. Desde então, mitos e histórias incríveis são narrados sobre os Irmãos invisíveis da Rosa-Cruz, os chamados rosa-cruzes.

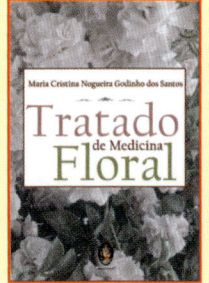

Tratado de Medicina Floral
Maria Cristina Nogueira Godinho dos Santos

Esta obra pode ser considerada uma ferramenta de consulta terapêutica séria e de grande valor. A autora aborda os sistemas de Florais de Bach, Minas, Austrália e Saint Germain mostrando a linguagem do corpo, ou seja, a reação do organismo diante de questões psicossomáticas, além dos florais mais indicados em cada situação.

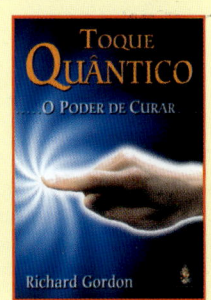

Toque-Quântico
O Poder de Curar

Richard Gordon

Todos os seres humanos possuem poderes naturais que podem passar despercebidos durante toda a sua existência, ou serem desenvolvidos por meio de métodos científicos. Richard Gordon mostra em Toque-Quântico — O Poder de Curar que a possibilidade da cura está literalmente em nossas mãos.

---

www.madras.com.br

Leitura Recomendada

Seres Fantásticos
Desenhe, Pinte e Crie Seres Mágicos

Bob Hobbs

Bob Hobbs explica a metodologia utilizada para desenhar, pintar e criar mais de 80 seres da mitologia e da imaginação. Um Quem é Quem divertido e empolgante de todos os ícones do mundo da fantasia. Uma fonte de referência visual fascinante e prática para os famosos amigos e inimigos desse universo. Explore todos os tipos de seres fantásticos com ilustrações coloridas e dinâmicas e tenha uma compreensão fascinante de suas origens e história.

Aumento da Potência do Toque Quântico
Técnicas Avançadas

Alain Herriot

Este é um livro prático e avançado que tem como base a aula de Aumento da Potência do Toque Quântico, que ensina aos alunos do Toque Quântico como aumentarem rapidamente a eficácia e a efetividade de suas sessões de cura com resultados duradouros. Alain Herriott apresenta novos métodos por meio de uma conversa com instruções passo a passo, de forma que você possa aprender a equilibrar seu sistema, despertar suas habilidades perceptivas e aprofundar sua capacidade de ajudar os outros.

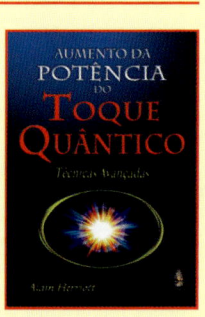

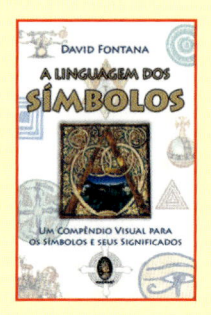

A Linguagem dos Símbolos
David Fontana

Os símbolos têm poder em todo lugar: em nossos sonhos, em nosso inconsciente e no mundo à nossa volta. Eles nos movem e nos inspiram em um profundo nível de conhecimento intuitivo, falando-nos em uma língua universal que os grandes pioneiros da psicologia, como Carl Jung e Sigmund Freud, nos ajudaram a interpretar.

Não Seja Bonzinho, Seja Real
Como equilibrar a paixão por si com a compaixão pelos outros

Kelly Bryson

Você tem em mãos alguns dos segredos e técnicas mais poderosos já articulados para sustentar o amor e a harmonia nos relacionamentos. Kelly Bryson usou esses métodos para criar mudanças radicais em situações extremas. E, melhor de tudo, eles podem fazer mudanças enormes em sua vida no primeiro dia em que aplicá-los.

www.madras.com.br

MADRAS® Editora
CADASTRO/MALA DIRETA

Envie este cadastro preenchido e passará a receber informações dos nossos lançamentos, nas áreas que determinar.

Nome _____
RG _____ CPF _____
Endereço Residencial _____
Bairro _____ Cidade _____ Estado ____
CEP _____ Fone _____
E-mail _____
Sexo ❏ Fem. ❏ Masc.   Nascimento _____
Profissão _____ Escolaridade (Nível/Curso) ____

Você compra livros:
❏ livrarias   ❏ feiras   ❏ telefone   ❏ Sedex livro (reembolso postal mais rápido)
❏ outros: _____

Quais os tipos de literatura que você lê:
❏ Jurídicos   ❏ Pedagogia   ❏ Business   ❏ Romances/espíritas
❏ Esoterismo ❏ Psicologia   ❏ Saúde   ❏ Espíritas/doutrinas
❏ Bruxaria   ❏ Autoajuda   ❏ Maçonaria   ❏ Outros:

Qual a sua opinião a respeito desta obra? _____
_____

Indique amigos que gostariam de receber MALA DIRETA:
Nome _____
Endereço Residencial _____
Bairro _____ Cidade _____ CEP _____

Nome do livro adquirido: **Além de Osho**

Para receber catálogos, lista de preços e outras informações, escreva para:

MADRAS EDITORA LTDA.
Rua Paulo Gonçalves, 88 – Santana – 02403-020 – São Paulo/SP
Caixa Postal 12183 – CEP 02013-970 – SP
Tel.: (11) 2281-5555 – Fax.:(11) 2959-3090
www.madras.com.br

Este livro foi composto em Times New Roman, corpo 11/12.
Papel couchê 115g
Impressão e Acabamento
Arvato Do Brasil Gráfica — Rua Dr. Edggard Theônio, 351 — Santana — São Paulo/SP
CEP 01140-030 Tel.: (011) 3383-4500 — www.arvatoprint.com.br